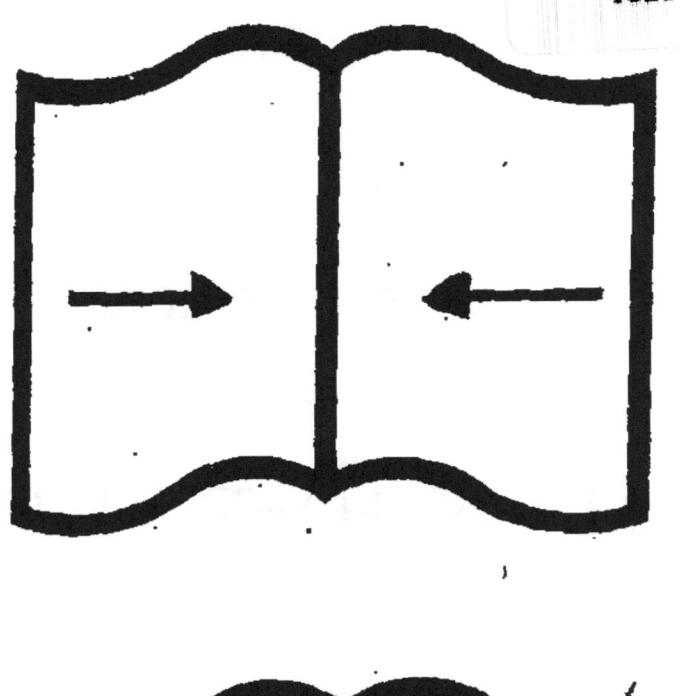

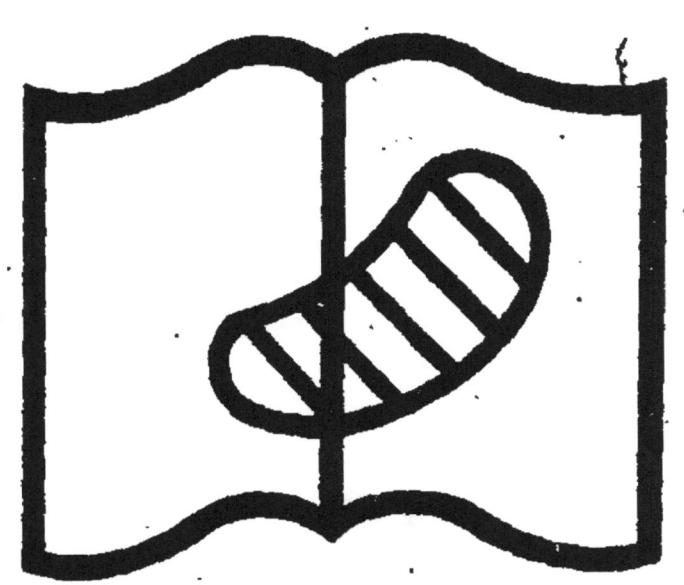

Original illisible
NF Z 43-120-10

"VALABLE POUR TOUT OU PARTIE DU DOCUMENT REPRODUIT".

LES TROIS VOYAGES

DE

MUNGO-PARK

BIBLIOTHÈQUE D'AVENTURES ET DE VOYAGES

XXXIVe volume.

LES TROIS VOYAGES
DE
MUNGO-PARK

AU MAROC
ET DANS L'INTÉRIEUR DE L'AFRIQUE
(1787-1804)

RACONTÉS PAR LUI-MÊME

PARIS

MAURICE DREYFOUS, ÉDITEUR

13, RUE DU FAUBOURG-MONTMARTRE, 13

Tous droits réservés.

LES TROIS VOYAGES

DE

MUNGO-PARK

PREMIER VOYAGE

(1789-1790)

I.

Motif de ce voyage. — Arrivée à Tanger : Description de la ville; sa situation, son commerce. — Départ pour Arzilla. — Réception est faite à l'auteur. — Arrivée à Larrache.

Au mois de septembre 1789, M. Matra, consul de Sa Majesté Britannique à Tanger, s'adressa au général Ohara, commandant à Gibraltar, à l'effet d'obtenir un chirurgien habile et expérimenté qui pût donner ses soins à Muley-Absulem, fils de l'Empereur du Maroc, menacé de perdre la vue. Ce prince pensait que l'art d'un praticien européen devait facilement triompher d'un mal douloureux que les médecins de l'Empire étaient impuissants même à soulager.

De royales récompenses devaient être le prix d'une cure aussi importante. Défrayé de tout, une garde personnelle devait être mise à mon service; enfin, promesse était faite au médecin qui opérerait la cure merveilleuse de lui remettre un certain nombre de captifs chrétiens : cet avantage, dont plusieurs de nos compatriotes devaient profiter, joint à la perspective de parcourir et d'étudier un pays nouveau pour moi et fort peu connu des Européens, m'encouragèrent à accepter sans délai l'offre qui me fut faite de devenir le médecin extraordinaire de l'empereur du Maroc.

Mon départ résolu, mes préparatifs ne demandèrent que peu de temps, et le 14 septembre 1789 je m'embarquai à Gibraltar : six heures après je saluai à Tanger le sol marocain. M. Matra m'attendait ; son accueil fut des plus sympathique, et les services importants qu'il me rendit par la suite, durant mon séjour en Barbarie, lui ont acquis toute ma reconnaissance. A mon arrivée, j'appris que Muley-Absulem était en campagne, force m'était donc de demeurer à Tanger jusqu'au retour du prince à Tarudant, sa résidence ordinaire.

J'avais donc quelques jours devant moi, je les mis à profit en visitant la ville et ses environs. Tanger, autrefois possession anglaise, était fortifiée, mais lorsqu'elle fut abandonnée sous Charles II, les fortifications furent détruites. La ville n'offre rien de remarquable pour les étrangers. Bâtie sur une éminence fort près de la mer, elle est entourée de vieilles murailles qui tombent en ruines : son aspect intérieur n'est rien moins qu'agréable ; les maisons, petites et mal bâties, annoncent la misère, leurs toits sont plats, les murs blanchis extérieurement, et n'ont qu'un étage, les planchers sont faits en terre battue. Les environs corrigent, il est vrai, un peu la mauvaise impression que laisse la ville ; on y voit de grandes plantations de vignobles et des vergers ensemencés de blé.

A Tanger, Juifs et Maures vivent ensemble ; cet usage, très rare en Barbarie, entretient une certaine confiance dans les relations habituelles ; aussi les Juifs ne sont-ils astreints, comme dans les autres villes de l'Empire, à marcher nu-pieds, que lorsqu'ils passent dans une rue où se trouvent une Mosquée.

Sur la côte nord de Tanger, on voit un château à moitié ruiné, c'est l'hôtel du gouverneur ; le port sert à la construction des Galères de l'Empereur, et à vrai dire c'est bien le seul de l'Empire qui puisse servir à ces bâtiments. La baie est vaste, mais peu sûre, surtout si le vent souffle d'Est avec quelque violence. Autrefois l'Empereur faisait hiverner ses vaisseaux au sud de la baie, à l'embouchure d'une petite rivière ; mais depuis quelque temps encombrée par les sables ainsi que plusieurs autres rivières de Maroc, elle s'est vue remplacée par Larrache qui est devenue la station hivernale de la flotte de l'Empire.

Après ce rapide aperçu sur Tanger, je dois dire, pour être complet, qu'en temps de paix elle fait un petit commerce avec Gibraltar et la côte d'Espagne ;

son trafic consiste en l'échange de provisions contre des marchandises européennes.

Je demeurai ainsi quinze jours à Tanger à visiter le pays et à étudier les mœurs de ses habitants ; ce fut alors que le consul anglais reçut une lettre du prince Muley-Absulem, l'informant de son retour à Tarudant, et me mandant au plus tôt près de lui. Je dois l'avouer, ma curiosité était grande, il me tardait de voir de près ce prince dont j'entendais si souvent parler, mais les préparatifs du voyage modérèrent mon impatience ; il me fallait en effet songer à me procurer tout ce qui m'était nécessaire pour voyager. Le prince, de son côté, avait donné l'ordre de me faire escorter de deux cavaliers ; le gouverneur, lui, devait me fournir une tente, des mulets et un interprète. La première partie du programme était facile à remplir, et ne fit aucune difficulté ; mais lorsqu'il s'agit de l'interprète, c'est-à-dire de l'indispensable, ce fut toute une comédie, il fallut déployer autant de violence que de ruse pour réussir à s'en procurer.

Après avoir inutilement cherché dans la ville, on fit demander aux Juifs, à l'heure de leurs prières, si parmi eux il n'en existait point qui parlât l'anglais. Un malheureux Juif, venu accidentellement à Tanger, et ne se doutant en aucune façon du motif d'une telle demande, eut la naïveté d'avouer qu'il possédait aussi bien l'anglais que l'arabe. Il fut aussitôt saisi et forcé de m'accompagner. Sa femme, effrayée de cette scène violente, car elle savait bien que souvent les Maures ne se font pas scrupule de maltraiter ses coréligionnaires, fit des démarches auprès du consul pour faire relâcher son mari ; mais on lui assura qu'il n'y avait aucun danger à redouter, qu'il s'agissait d'un simple voyage et qu'au retour son mari lui serait rendu ; devant ces protestations du consul, cette pauvre femme se retira plus tranquille et consolée. D'ailleurs il ne s'agissait que de m'accompagner à Mogador où se trouverait un autre interprète, c'était l'affaire de peu de jours.

Une fois tranquille sur ce point, il fallut songer à mes provisions de voyage, le consul s'en chargea, car il me fournit une quantité suffisante de vins et de liqueurs ; me donna pour deux jours de bonne nourriture, un bois de lit fait de trois pliants, espèces de tabourets ; il ajouta à ce bagage quelques ustensiles de cuisine et un immense sac de cuir destiné à renfermer et à protéger mon coucher. Ainsi équipé, moi et ma petite caravane composée de deux soldats nègres, de mon interprète et de deux mulets nous servant de monture, de deux mules chargées de nos bagages et conduites à pied par un muletier arabe, nous partîmes de Tanger, le 30 septembre, à trois heures de l'après-midi.

J'arrivai à six heures du soir à un petit village nommé Kindalla, où je passai la nuit. Je n'avais fait que huit milles dans cette première journée ; il est bien vrai que le pays, montueux et stérile, n'est pas favorable aux voyageurs; d'ailleurs, jusqu'à Larrache, le pays ne devait pas changer d'aspect. Çà et là quelques cabanes ou chaumières grossières, soit en terre, quelquefois même en pierres, mais le plus souvent en roseaux et recouvertes en chaume, tel est le paysage qui vient reposer et distraire la vue du voyageur.

Ma première nuit fut loin d'être heureuse, le gouverneur de Tanger avait apporté une telle négligence à me pourvoir du nécessaire, que lorsque je dépliai ma tente pour me coucher, je la trouvai trouée en maints endroits; je m'installai donc comme je pus sous une haie, me servant de ma tente comme d'abri contre les injures de l'air. A sept heures du matin j'étais debout et nous partions. A trois milles, nous traversâmes la rivière de Marha, presque à sec en cette saison; après les pluies de la saison d'automne, cette rivière est, paraît-il, dangereuse. Enfin, bientôt nous arrivons à la forêt sauvage et romantique de Rabeaclow, qui se déroule non loin de l'Océan. Des chemins impraticables nous amenèrent à une autre rivière apppelée Machiralachef, rivière profonde qui coupe la forêt et semble être la limite entre la nature sauvage et les riantes campagnes. En effet, après l'avoir traversée, nous vîmes se dérouler sous nos yeux une splendide végétation; je déjeûnai au bord d'un frais ruisseau gracieusement ombragé d'arbres de toutes sortes.

Après le repas, il fallut se remettre en marche et bientôt j'arrivai à la rivière de l'Orifa, rivière très profonde et très dangereuse par l'inégalité de son fond et dont il nous fallut attendre la marée basse. Enfin, après bien des difficultés, nous pûmes traverser, et le soir nous arrivions à Arzilla, distante de Tanger de trente milles seulement.

A peine l'alcade, ou gouverneur de la ville, eut il appris qui j'étais, qu'il s'empressa de me procurer un logement. Celui qui me fut offert était une assez mauvaise chambre du château, sans fenêtres ; elle ne recevait de jour que par trois petites ouvertures d'environ six pouces carrés ; quant à la porte, elle faisait totalement défaut.

Le château d'Arzilla, autrefois très considérable, n'est maintenant qu'une ruine, mais on ne peut toutefois se défendre d'un mouvement d'admiration devant ces ruines magnifiques qui semblent rappeler aux étrangers qu'Arzilla, au temps des Portugais, était une place forte de première importance, grâce à son petit port sur l'Océan. Depuis, la négligence des princes maures l'a laissée déchoir : toute la ville, depuis ses fortifications jusqu'à son château et ses masures elles-mêmes, ne sont plus que ruines, tout y a un air misérable, et de fait tout y est misère. Je n'en donnerai pour exemple que le repas que je fus obligé d'y prendre et qui se composa d'une tasse de café. Quant à mes gens, ils se contentèrent d'une jatte de cuscosoo qu'ils dévorèrent à belles dents. Ce mets, très commun chez les Maures et regardé comme une excellente nourriture, se compose de riz et de froment écrasés et passés dans une passoire de terre ; on y joint un peu de beurre et quelques épices, après quoi on le cuit sur la vapeur des viandes bouillies, ce qui ne manque pas de lui donner un certain fumet.

Une heure après mon arrivée à Arzilla, le gouverneur, escorté des notables de la ville, vint me faire une visite de cérémonie, et m'apporta en présent, sans doute par respect pour l'auguste malade que j'allais soigner, des fruits, de la volaille et des œufs. Cependant le bruit de mon arrivée s'étant répandu, je ne tardai pas à me voir littéralement assiégé par une foule de pauvres malades qui venaient réclamer leur guérison ou tout au moins leur soulagement. C'étaient des aveugles, des rhumatisants, quelques-uns avaient des plaies atroces, beaucoup enfin, le plus grand nombre, étaient incurables. Ce m'était un spectacle douloureux que de ne pouvoir soulager tant de pauvres gens. Les ressources d'un côté, le temps de l'autre, me manquaient pour administrer des remèdes, force me fut donc, après avoir tâté au moins une cinquantaine de pouls, de faire faire la police de ma chambre par mes deux gardes, et même de faire reculer les processionnaires jusqu'au dehors.

Enfin le 2 octobre, je partis pour Larrache, distante d'Arzilla que de trente-deux milles ; onze heures suffisaient pour faire le voyage, et, en effet, franchissant la rivière de Lucos, large d'environ un demi-mille, j'arrivai le jour même à destination : il était quatre heures du soir.

II.

Situation de Larrache. — Observations sur les maladies les plus communes du Maroc; ignorance des médecins du pays; leurs remèdes. — Départ pour Mamora. — Beauté et fertilité du pays. — Les camps arabes. — Mœurs, usages, caractères des Maures qui les habitent; hospitalité, vie nomade. — Impôts. — Les Bachas et la perception. — Cultures et pêches des Maures. — Tombeaux des saints arabes. — Arrivée à Mamora. — Départ pour Salé.

Il faut croire que l'on me considérait comme un véritable personnage, car à mon arrivée à Larrache, ce fut la même répétition de cérémonie qu'à Arzilla. Je fus conduit chez le gouverneur, fort beau nègre, qui me traita avec de grands égards et me fit donner un appartement dans le château, appartement, je dois l'avouer, bien plus confortable que celui que m'avait accordé la générosité du gouverneur d'Arzilla. Larrache, autrefois espagnole, est d'une grandeur moyenne, assez bien bâtie, et située à l'embouchure de la rivière de Lucos, sur une pente douce. Sa situation offre un coup d'œil des plus pittoresques; d'ailleurs, l'intérieur de la ville ne manque pas d'une certaine coquetterie si je la compare aux villes que nous avions déjà traversées. Ainsi ses rues sont pavées, et sa place, entourée de portiques de pierres, est très originale; enfin, la ville est défendue par un fort et deux batteries de canon; somme toute, après Mogador; c'est la ville la plus propre et la mieux policée de tout le Maroc.

Je pensais ne séjourner que fort peu de temps à Larrache, mais un accident survenu à une de nos montures m'obligea à demeurer un jour de plus dans cette ville. Je comptais bien pouvoir me soustraire à ma réputation, mais à peine eut-on appris mon arrivée, qu'en peu d'instants ma pauvre chambre prit l'aspect d'un véritable hôpital, sans qu'il me fût possible de faire quoique ce soit pour l'éviter ou y remédier.

Les maladies qui m'ont paru être les plus fréquentes au Maroc sont l'hydropisie, l'hydrocèle, les inflammations des paupières, la gale et les tumeurs invétérées; cependant j'ai pu y remarquer quelques cas de fièvres intermittentes et des gastrites; à l'état héréditaire on y trouve également quelques affections lépreuses. Autant que j'ai pu m'en rendre compte, j'attribuerais quelques-unes de ces maladies à la mauvaise nourriture des habitants.

Dans aucun pays je n'ai vu des médecins aussi ignorants qu'au Maroc; leurs traitements consistent en quelques remèdes fort simples qu'ils puisent dans d'anciens manuscrits et qu'ils appliquent à tort et à travers sans se soucier de la maladie ni du malade. Le mode d'application est d'ailleurs invariable: une saignée pour commencer, des ventouses, des scarifications, quelques fomentations, et par-dessus tout cela quelques infusions, et le malade est soigné ; qu'il meure, qu'il vive, là n'est pas leur affaire, le principal c'est que le traitement soit appliqué. Les Maures et les Juifs ont néanmoins une très grande confiance en ces médecins et les tiennent pour fort instruits. Pour moi je ne savais que hausser les épaules en voyant la grossièreté de ces gens et le charlatanisme de leurs médecins.

Cependant je ne pus résister au désir de soulager quelques-uns de ces malheureux qui s'adressaient à moi. Mais, à l'exception d'un seul, tous crurent me faire grande grâce en réclamant mes soins, leur reconnaissance ne pouvait donc m'être acquise. Le seul qui ne me paya point d'ingratitude fut un vieillard qui, pour me témoigner combien il était heureux que j'eusse guéri un sien ami, m'envoya quelques fruits et plusieurs volailles, en même temps qu'il me suppliait à mon retour à Larrache de vouloir bien descendre chez lui. Ces témoignages de reconnaissance sont chose si rare que je n'ai pu me dispenser de les consigner ici.

Le 4 octobre, je quittai Larrache pour me rendre à Mamora. Le pays que je traversai est très varié et d'une grande fertilité, la campagne offre un air riant et les arbres nombreux et plantés symétriquement qui bordent le chemin donnent à ces lieux l'aspect d'un pays vraiment civilisé et cultivé par des mains habiles ;

et cependant dans presque toute l'étendue des plaines que je parcourus, la main de l'homme n'a jamais travaillé.

Sur le déclin du jour, j'arrivai sur les bords d'un de ces immenses lacs fréquents en ces contrées, j'y fis placer ma tente au milieu d'un campement arabe. Ces camps sont le plus généralement éloignés des villes et à proximité des villages. Les tentes, très vastes, sont faites de feuilles de palmier et de poil de chameau; leur aspect est celui d'un tombeau, très bas et teint en noir, dont l'ouverture est placée au sud, afin de fermer tout accès aux vents froids du nord.

Les mœurs de ces Arabes n'ont rien de civilisées, ils vivent toujours éloignés des villes, et sont bien plus grossières que les Maures qui plus souvent en contact avec les Européens, prennent une certaine teinture de mœurs plus polies. Les Arabes au contraire, toujours réunis en tribus, vivent séparés de tout le monde. Chaque famille a sa tente, et les alliances ne se font jamais en dehors de la tribu même. Les enfants demeurent avec leurs parents jusqu'à leur mariage; alors, la famille des nouveaux époux est obligée de leur donner une tente, un moulin à blé et quelques ustensiles usuels pour le ménage. Pour vivre, ils ont en outre quelques chameaux, des vaches, des moutons, des boucs, des chèvres, puis du froment et de l'orge, tout cela proportionné aux ressources de la famille.

La bigamie est fort rare et les femmes ne sont généralement point belles. Un cheik est le grand maître de chaque camp, il exerce le droit de haute et basse justice ; c'est auprès de lui que sont portés les différends.

Ces peuplades sont nomades; lorsque le pâturage devient insuffisant à la nourriture des bestiaux, on plie les tentes et l'on s'en va ailleurs asseoir son camp. J'y ai reçu une hospitalité très franche et cordiale, qui paraît être d'ailleurs dans leurs mœurs. Chacun accourait autour de moi, me regardant avec curiosité, puis, s'enhardissant, quelques-uns se mirent à m'aider à dresser ma tente, enfin bientôt chacun voulut me rendre quelque service.

L'habillement des Arabes est fort simple; il se compose d'un grand vêtement de laine qui leur descend un peu au-dessous du genou, puis d'un large et vaste manteau muni d'un capuchon, qui les enveloppe entièrement.

Les tribus ont généralement entre elles une haine qui se poursuit de générations en générations, et souvent il arrive de ces rixes où le sang est facilement répandu : alors l'empereur du Maroc intervient, il impose fortement les deux parties, sans s'inquiéter du côté où est le tort, et ainsi le calme se rétablit.

Outre le grand profit que l'Empereur retire d'une justice ainsi exercée, chaque tribu doit payer le dixième de ses revenus. C'est l'impôt annuel qui sert à l'entretien des troupes de l'Empire.

Les moyens employés par l'Empereur pour tirer de l'argent de ses sujets sont d'ailleurs très simples et expéditifs. Il donne des ordres au Bacha, ou Gouverneur de la province, lequel ne manque pas de doubler l'impôt ; ses subalternes, chargés de la perception directe, ne manquent pas d'agir de même, et alors les malheureux imposés paient le plus souvent quatre fois la valeur de l'imposition directe. Si les Arabes se refusent à satisfaire à la demande de l'Empereur, aussitôt celui-ci fait marcher ses troupes contre eux, et alors ce sont des scènes de brigandage dans lesquels le rebelle ne trouve jamais son avantage.

Pour vivre, les Arabes cultivent les terres qui avoisinent leurs camps ; mais leurs ressources en agriculture sont très primitives. Ils ne sèment que de l'orge et un peu de blé, et fouillent la terre au moyen de charrues à soc de bois. Ils ne connaissent d'autre engrais que les chaumes qu'ils font brûler à la fin de l'automne. Cependant ils savent encore assez bien tirer partie, pour leur nourriture, des lacs nombreux de ces régions, et qui sont peuplés d'oiseaux d'eau et surtout d'anguilles. Pour pêcher ces dernières, les Arabes emploient de longues cannes de bois auxquelles ils fixent un fer dentelé, et, avec une précision remarquable, ils lancent ces sortes de javelots sur les anguilles ; rarement ils manquent leur coup, et cette pêche leur est très profitable.

Cependant je devais songer à quitter ces lieux pour

poursuivre mon voyage, je partis donc le lendemain matin de mon arrivée au camp, et me dirigeai vers Mamora. En approchant de cette ville, je remarquai plusieurs tombeaux de saints arabes, bâtis en pierre de taille d'environ trois mètres carrés. Ces monuments, plus sacrés que les mosquées elles-mêmes, sont construits à la mort d'un mahométan, réputé saint; on lui fait de magnifiques funérailles et ces chapelles deviennent sa sépulture. On a pour ces tombeaux une telle vénération que quiconque s'y réfugie, soit-il le plus grand criminel, devient inviolable. L'Empereur même qui n'a soin et souci d'aucun privilége des Arabes, respecte cependant celui-ci et se garderait bien de violer ces sanctuaires.

Il y a deux sortes de saints dans ce pays. Les plus en honneur sont ceux qui, par des fréquentes prières et des ablutions prolongées, jouissent d'une grande réputation de piété. La plupart, il faut l'avouer, sont d'audacieux hypocrites. Les idiots et les fous sont la seconde classe de saints. Les premiers passent souvent pour prophètes, et chacun a pour eux une vénération incroyable.

Le respect et le culte dont les saints idiots et fous sont entourés donnent lieu à des débordements et à une licence sans bornes. Ainsi, il en est parmi ces hypocrites insensés qui ne se gênent point pour commettre toute sortes de crimes. On cite un fameux saint qui s'amusait à blesser ou tuer toute personne qu'il rencontrait.

Les habitants paraissaient trouver cette manière de faire charmante, et le laissaient en liberté comme si rien n'était !

Enfin j'arrivai le 5 octobre au soir à Mamora, ville située à 64 milles de Larrache, sur une colline, à l'embouchure de la rivière du Saboc. Mamora n'offre aucune espèce d'intérêt : bâtie sur les bords de l'Océan, cette ville appartenaient autrefois aux Portugais qui l'avaient enceinte d'une double muraille, actuellement en ruine. Les environs paraissent assez fertiles en paturages, la campagne est riche et agréable ; le pays paraît être un des meilleurs de la côte. Je demeurai la nuit seulement à Mamora, et le lendemain, à 8 heures, je me mis en route pour Salé, où je devais arriver vers deux heures après-midi.

III.

La ville de Salé. — Descente chez le Consul de France. — Présentation au premier Ministre, à Rabat. — Départ pour Mogador. — Azamore. — Saffi. — Arrivée à Mogador. — Description de la ville; son commerce.

A un quart de mille de Salé il existe un ancien acqueduc que l'on dit avoir été l'œuvre des Maures, mais dont l'architecture me fit croire que c'était plutôt une construction romaine. Quoique bien délabré en certains endroits, cet acqueduc amène encore l'eau dans la ville. Salé, autrefois très chantée, ne doit sa véritable réputation qu'aux pirates qui croisaient dans ses eaux et dont elle devint le refuge. La ville elle-même ne présente aucune particularité intéressante; une batterie de vingt pièces de canon la défend du côté de la mer, ainsi qu'une assez bonne redoute construite à l'embouchure de la rivière.

Sur la rive opposée, on voit Rabat, anciennement associée à Salé pour le brigandage des pirates. C'est dans cette dernière ville que je m'arrêtai. J'avais une lettre de recommandation pour M. du Rocher, consul de France. En me rendant chez lui, il s'éleva, entre mon interprète et mon muletier, une dispute qui eût pu devenir un véritable drame si je n'y eusse mis bon ordre. Le sujet de la querelle venait de ce que chacun voulait à sa manière transporter mes effets chez le Consul. Ils en étaient déjà venus aux coups lorsque j'intervins. Afin de donner un exemple, je fis empoigner mon muletier par un soldat maure qui lui administra une verte correction avec une lanière en cuir. Aussitôt le coupable de se précipiter à mes genoux et de me demander pardon ainsi qu'à mon interprète. Je lui fis grâce sans peine, heureux d'avoir eu cette occasion d'affirmer mon autorité, tout en leur donnant une profitable leçon.

M. du Rocher me témoigna la plus cordiale sympathie, et sur ses instances réitérées, je consentis à demeurer deux jours à Rabat. C'est une ville assez bien bâtie, entourée d'une grande muraille et défendue par trois forts garnis de canons apportés de Gibraltar, les habitants y sont moins misérables que ceux des villes que j'avais déjà traversées. Une chose me surprit, c'est que les femmes y sont beaucoup plus jolies que dans les autres villes de Barbarie ; ainsi je fus présenté dans une maison où il y avait huit filles, toutes si jolies, avec leur teint rosé et leurs yeux noirs, que l'on ne savait à qui donner la préférence, et avec cela d'une simplicité à faire honte aux européennes.

M. du Rocher me présenta à Sidi-Mahomet-Effendi, premier ministre de l'Empereur, alors de passage à Rabat et se rendant à Tanger. J'en reçu un fort bon accueil, et lorsqu'il sut que j'étais médecin, il me pria de lui tâter le pouls. Je l'assurai qu'il jouissait d'une excellente santé et aussitôt il me fit force démonstration de joie et d'amitié.

Après deux jours de repos, je partais comblé de prévenances de la part du Consul, qui me donna une ample provision de pain, fort bon à Rabat, de viandes froides et de vin. Ainsi muni, je pris le chemin de Darbeyda, ma première station avant d'arriver à Mogador. Il faisait une chaleur incroyable et j'eusse beaucoup souffert durant la route sans une grande quantité de melons très juteux et de grenades qu'on trouve tout le long de la route, et qui étanchèrent, en nous rafraîchissant, notre soif ardente.

Mais bientôt des nuages s'amoncelèrent sur nos têtes, et une pluie abondante nous obligea à recourir à nos tentes. Nous y passâmes la nuit, et le lendemain matin, la pluie ayant cessé, nous nous mettions en route pour les ruines de Mensooria, ancien château dont il ne reste plus que quelques pans de muraille et les débris d'une tour. J'arrivai le soir même à Darbeyda, où je fus reçu par le gouverneur qui me donna de la volaille pour mon souper et me donna un logement pour la nuit.

Le lendemain, je partis pour Azamore, ville située à cinquante-six milles de Darbeyda. A la fin de la seconde journée, j'arrivai à la rivière de Morbeya qu'il nous fallait traverser pour entrer à Azamore. Au moment de passer, il nous arriva une petite aventure. Nous étions à peine installés dans le bateau de passage que j'entendis une dispute s'élever entre mes soldats et le batelier, et aussitôt celui-ci déposer mes effets à terre. Je demandai enfin ce qu'il y avait, et l'on m'apprit que mes soldats étaient furieux de ce que le batelier réclamait le prix du péage alors que voyageant pour le service de l'Empereur j'étais exempt de tous droits. Afin de faire cesser cette dispute qui aurait pu dégénérer en vraie lutte, je me conformai à l'usage, sans m'arrêter à examiner si réellement j'étais dans mon droit; les choses rétablies, nous passâmes sans peine à Azamore.

Assez considérable, Azamore, qui a un port sur l'Océan, est cependant une ville sans importance. Je demeurai un jour dans cette ville, mes soldats y ayant une partie de leur famille. A peine étais-je installé chez un arabe, que j'eus la visite d'un Juif vêtu à l'Européenne. Il avait autrefois servi un consul anglais, je pouvais donc facilement converser avec lui. Je n'eus de cesse que quand j'eusse été dîner chez lui, puis il me fit visiter toute la ville. Mais il ne voulut pas me quitter sans m'avoir donné quelque conseils touchant le caractère des Maures, et, pour appuyer son dire, il me cita l'histoire d'un médecin, qui venu exprès d'Europe pour soigner un prince maure, se vit obligé, par ce dernier, à se donner la mort en sa présence en se brûlant la cervelle d'un coup de pistolet.

Le 13 octobre, je pris congé de mon Juif et partis pour Saffi; j'y arrivai le 15, au soir. Le pays était inculte et pierreux. La ville, située au bas d'une montagne escarpée, a un port de mer ; la seule curiosité qu'elle offre à l'étranger est un palais assez élégant, habité quelquefois par les fils de l'Empereur. Ses environs, boisés et montagneux, sont presque incultes.

C'était ma dernière étape avant d'arriver à Mogador, je quittai donc Saffi le 16, au matin. J'avais environ soixante milles à parcourir avant d'arriver à destination, et je ne devais pas mettre plus de deux jours à franchir cette distance.

Le 17 au soir, j'arrivai à Mogador. D'après les instructions de M. Matra, je devais attendre dans cette ville le retour du messager envoyé à Tarudant pour informer le prince de mon arrivée, je m'y fixai donc jusqu'à nouvel ordre.

Le vice-consul d'Angleterre, M. Hutcheson, me fit un accueil des plus obligeant, et dans la suite il me rendit des services importants par ses conseils efficaces dans certaines occasions fort délicates.

La ville de Mogador est bien fortifiée du côté de la mer, quelque batteries de canon la défendent vers la terre. C'est une grande ville, bâtie avec régularité, à trois cent cinquante milles de Tanger et sur le bord de l'Océan. Les environs sont tristes et sableux. On entre dans la ville en passant sous de grandes voûtes de pierre, la place du marché est entourée de portiques. L'Empereur a un palais dans la ville, d'une belle architecture, mais de petite dimension. Les rues de la ville sont alignées au cordeau mais trop étroites ;

les maisons sont fort élevées. Quant à la baie, elle est peu sûre à cause du vent nord-ouest qui souffle avec violence.

Quant au comptoir de Mogador, il se compose d'une douzaine de maisons de différents pays. On y fait le commerce de mulets pour l'Amérique, de peaux et de cuirs du Maroc, de gomme arabique et sandarique, de plumes d'autruches, de cuivre, de laine, de dents d'éléphants, de dattes, de figues, de raisins, d'olives, d'huiles, etc. Ils en font l'échange pour de la poudre, des canons, des toiles, du plomb, du fer, de la quincaillerie de toute espèce, du thé, du sucre, des épices, et mille autres objets qu'on ne trouve point dans le pays.

IV.

Tarudant. — Première visite à Muley-Absulem. — Caractère de ce prince. — Remède employé pour sa guérison. — Le Harem.

Depuis six jours j'étais installé à Mogador, lorsque je reçus du prince Muley-Absulem l'ordre de le rejoindre à Tarudant où il venait de rentrer. Par les soins du Gouvernement de la ville, mon escorte fut augmentée de trois soldats nègres bien armés, ma tente échangée contre une meilleure, enfin, rendant mon premier interprète à la liberté, on m'en donna un autre parlant l'anglais avec la plus grande facilité.

Soixante-seize milles me séparaient de Santa-Crux, ma première étape, ville autrefois assez considérable et entrepôt très important des Européens. Je mis trois jours à franchir cette distance pour arriver à l'ancienne cité portugaise. Le pays est d'ailleurs presqu'aride et la route, très désagréable, n'offre pas un point où la vue du voyageur puisse se reposer.

Le 26 octobre, je laissai Santa-Crux, et deux jours après j'étais à Tarudant, située à quarante-quatre milles au-delà, dans un pays couvert de landes et de bois. A mon arrivée, je fus conduit au palais du prince, à un demi-mille de la ville. Muley-Absulem en est l'architecte, mais ce monument, fort petit, extérieurement offrant un certain cachet de beauté, manque totalement de goût et de commodité à l'intérieur. Une haute muraille le cache aux regards des curieux observateurs, et dérobe également deux jardins à l'européenne confiée aux soins d'un renégat espagnol.

On me conduisit tout d'abord dans une vaste salle dont les murs, découpés en forme de niches, donnaient asile à un grand nombre de personnes qui attendaient leur tour d'admission à l'audience du prince.

Fort peu au courant des us du pays, je me mis tranquillement à me promener, en attendant que le prince daignât me faire demander, à la grande stupéfaction des gens qui m'entouraient et me semblaient prendre pour un fou. Une heure après arriva l'ordre de m'introduire. L'on me fit passer par une galerie fort obscure conduisant à une cour carrée et pavée en marquetterie sur laquelle donnait l'appartement du prince. La porte, brisée à moitié, était peinte en diverses couleurs. Je fus bientôt dans la chambre de mon illustre malade; c'était une pièce carrée, le plafond en était peint avec assez de goût, le plancher était de teintes coloriées et les murs en stuc. Cet appartement eut été passable s'il eût eu des fenêtres, mais les Maures jugent cet utile ornement absolument inutile.

Le prince Muley-Absulem assis, les jambes croisées, sur un coussin recouvert d'une toile blanche très fine, m'attendait, entouré de ses courtisans. Un long tapis étroit leur servait de siége, c'était le seul meuble de l'appartement. Je remis tout d'abord les lettres du consul anglais : selon l'usage, elles lui furent présentées sur un mouchoir de soie. D'un signe de tête le prince me salua, faisant accompagner son geste de ces mots : *Bono tibid, bono anglaise;* mélange d'arabe et d'espagnol qui veut dire : Bon docteur, bon anglais. Puis un officier de sa garde nous fit asseoir sur le plancher près du prince. Ce fut alors un déluge de questions, chacun nous interrogeait mon interprète et moi. Nous répondions aussi bien que possible à toutes ces questions qui se pressaient sans attendre souvent la réponse.

Bientôt, cependant, le prince me demanda de lui tâter le pouls et d'examiner ses yeux : l'un avait la cataracte, l'autre était affecté d'une humeur spasmodique. Il voulut savoir sur-le-champ ce que je pensais de son état et combien de temps je mettrais à le guérir. Je lui demandai deux ou trois jours afin d'examiner les maladies plus à loisir. Il parut satisfait. Alors l'un des courtisans me voyant rasé dit que j'étais bien jeune pour être bon médecin, un autre observa qu'ayant les cheveux poudrés je cherchais à cacher mon âge ; un troisième prétendit même que mes cheveux n'étaient pas miens, mais étaient faux. Il n'y eut pas jusqu'à mon habit à l'européenne qui ne fut l'objet des commentaires de Muley-Absulem.

Cette première audience terminée, l'on me conduisit dans un logement que le prince m'avait fait préparer ; je m'attendais à quelque chose d'à peu près convenable : ce n'était qu'une mauvaise chambre située à un quart de mille de la ville, dans le faubourg de la Juiverie, sans fenêtres, la porte en était à moitié défoncée et donnait sur une cour où trois familles juives jetaient leurs ordures. Sur le moment j'eus de la peine à retenir ma fureur, mais réfléchissant que le prince me l'avait donné comme un des meilleurs de la ville, je me tins coi. C'est dans ce réduit que je devais demeurer durant mon séjour à Tarudant.

Je m'installai donc de mon mieux, faisant contre fortune bon cœur, et le lendemain matin je me rendis de nouveau chez le prince afin d'examiner à nouveau l'état de sa santé.

Après un examen sérieux je demeurai convaincu que ses yeux étaient presque incurables, mais ne lui laissant pas deviner ma pensée, je lui fis espérer un soulagement considérable sans lui assurer une guérison radicale, et je demandai deux mois pour le traitement.

Le jour même je commençai la médication, mais la vie que menait le prince me donnaient d'autres maladies à combattre; il était épuisé de débauches. Je le mis donc tout d'abord au régime le plus sévère, et fort peu confiant en son exactitude, je priai l'officier qui me parut avoir spécialement sa confiance de veiller à ce que le prince n'omit aucun des points ordonnés sur le traitement que j'avais fait traduire en arabe.

D'ailleurs mon malade fut on ne peut plus docile, et

malgré la répugnance qu'il éprouvait visiblement à prendre certaines potions, il se montra de beaucoup plus raisonnable que son entourage, qui ne pouvait se résoudre à comprendre que des remèdes administrés intérieurement pussent produire quelqu'effet sur les yeux. Et d'un commun accord la tourbe ignorante des courtisans tournait ma méthode en dérision.

Mais bientôt leur raillerie se tourna en jalousie, et il n'y eut pas de manœuvres assez basses qu'ils n'entreprirent afin de m'éloigner du prince. Ils lui faisaient croire que mes médicaments devaient avoir une influence funeste sur sa santé, et mille autres choses que la décence m'empêche de dire. J'étais dans un grand embarras, il me fallait songer à donner une justification rationelle à mon traitement. Avec le secours de mon interprète j'expliquai donc au prince la composition des médecines qu'il prenait, leurs effets, enfin, je lui parlai de mon honneur et de ma réputation engagée dans ce traitement. Toutes ces raisons finirent par le calmer ; la peur l'abandonna et il continua à suivre son traitement, reconnaissant que l'on m'avait calomnié, car aucun des fâcheux pronostics de ses courtisans ne se réalisa.

Je faisais deux visites par jour à Muley-Absulem, le reste de mon temps était employé à visiter la ville et ses environs, ou bien encore à travailler. Un jour je fus appelé par le Cadi de la ville. C'était un vénérable vieillard de soixante-dix ans, dont la vrai maladie était l'âge : il me demanda un traitement, puis me questionna sur mon pays, me plaignit d'être éloigné des miens au milieu d'une contrée de mœurs si différentes, et m'invita à revenir le voir. Je fus surpris de tant de prévenances et de délicatesse chez un habitant d'un pays à peine civilisé.

Je ne saurais faire le même éloge des autres malades que je vis à Tarudant, presque tous ingrats ou insolents. Quand à ceux qui venaient me consulter chez moi il n'était pas rare de les voir tenté de me voler. D'autres que je guérissais désiraient encore de l'argent ou des présents. Quelques-uns, dont l'insolence me révolta et que je chassai, me menacèrent de leur poignard. Eh bien, malgré tout cela, l'extrême misère de ce peuple me touchait et, dans la mesure de mes forces, je lui prodigais mes soins. Toutefois, pour me protéger un peu, Muley-Absulem me donna une sentinelle pour garder ma porte et me préserver d'une invasion trop fréquente de malfaiteurs.

Cependant je donnais depuis quinze jours mes soins au fils de l'Empereur, et son œil gauche commençait à ressentir un mieux sensible. Ces premiers symptômes de guérison m'élevèrent dans l'estime du prince et sa confiance devint telle qu'il voulut absolument que je rendisse visite aux femmes de son harem, dont quelques-unes avaient besoin des secours de la science médicale.

Conformément à l'ordre du prince, le chef des

eunuques me reçut à la porte. C'était un homme petit, mal conformé, comme tous ses semblables : ils ont une autorité brutale sur les femmes qui sont confiés à leur garde et souvent les maltraitent ; ils sont fiers, hautains, insolents. J'étais sur mes gardes, je connaissais leur caractère, j'étais donc tranquille sur ce point. Bientôt nous arrivons aux appartements des femmes. Elles étaient très nombreuses et servies par des jeunes esclaves blancs et noirs.

Mon arrivée au milieu d'elles les frappa de stupeur ; elles m'entourent, examinent la forme de mes habits, toutes étaient très étonnés. Celles à qui ma présence semblait causer quelque plaisir me considéraient avec attention, mes bas, mes boutons et mes boucles étaient ce qui les étonnaient davantage. Les plus hardies me riaient au nez. Quant aux enfants, ils prirent tous la fuite dès qu'ils m'aperçurent.

Il est à remarquer que presque toutes ces femmes ont un embonpoint considérable ; elles avaient la figure ronde et les yeux gros et noirs. J'y ai remarqué quelques blondes et de belles négresses. Enfin, on m'introduisis près de la malade, un négrillon vint m'apporter un tabouret pour m'asseoir. Un rideau me séparait de la malade, par une fente elle me passa son bras, me priant de lui tâter le pouls, persuadée que je devais connaître à simple examen de ses pulsations la maladie dont elle était atteinte ; au surplus, elle demeura absolument muette à mes questions. Comme je les répétais, elle retira son bras, et me donna l'autre. Je m'impatientai. Au moins aurai-je voulu voir ma malade; j'imaginai une ruse qui pouvait bien me mettre sur la voie, je lui demandai à voir sa langue; mais, sans doute pour ne pas se faire voir, elle pratiqua un trou dans le rideau et par cette ouverture elle me montra sa langue. Je reconnus cependant quelle pouvait être sa maladie et, lui indiquant un remède, je partis.

Une autre, que je soignai d'une glande scrofuleuse au cou, avait été la favorite du prince et m'offrait des présents afin de lui rendre sa première beauté.

En somme ces femmes, qui ne sortent pas du harem, sont absolument sans esprit comme sans éducation. Aucun bruit du dehors n'arrive jusqu'à elles. Ainsi elles demandèrent à mon interprète si je savais lire et écrire et témoignèrent une grande admiration pour les chrétiens qui étaient tous en état de lire les livres de leur religion. Durant quelque temps je continuais de donner mes soins aux malades du harem et j'eus la consolation de voir un peu de mieux se produire.

Cependant Muley-Absulem se trouvait beaucoup mieux, une troisième semaine de traitement lui avait procuré un véritable soulagement. Les premiers transports de sa joie furent si grands qu'il me promit, si je le guérissais, de proportionner la récompense à la guérison. Je vivais absolument dans son intimité, à toute heure je pouvais le voir, même lorsqu'il était avec ses femmes, faveur inappréciable dont je jouissais seul. Il me faisait tâter leur pouls, mais prenait bien soin de me cacher leur visage. Un jour il poussa l'originalité jusqu'à vouloir, devant moi, mettre dans l'œil d'une de ses femmes du même onguent que j'appliquais sur le sien. La douleur qu'elle ressentit provoqua chez le prince un grand accès d'hilarité ; mais elle se garda bien de laisser même soupçonner qu'elle avait pu souffrir et elle se mit à sourire.

Cependant Muley-Absulem paraissait avoir un certain attachement pour moi, et à chaque instant il me comblait de questions sur l'Europe, ses costumes, ses mœurs. C'était d'ailleurs un personnage étrange que ce prince. Il pouvait bien alors avoir trente-cinq ans. De taille moyenne, il était presque défiguré par les spasmes qui agitaient constamment son œil et tout son visage. Cependant l'expression de sa figure n'était point dure, il m'a paru même un homme de peu d'énergie. Sa seule préoccupation était en les plaisirs des sens ; mais il ne fallait pas qu'il lui en coutât de peine ; il usait même, chose étonnante chez ces princes despotes, de beaucoup de délicatesse envers ses femmes. En résumé c'était un prince de nulle valeur, incapable de gouverner, impuissant même à tout acte énergique, n'estimant qu'une chose, la tranquillité et le bien-être.

V.

Description de Tarudant. — Son commerce. — L'Empereur appelle son fils Muley-Absulem et son médecin à Maroc.

Il est d'usage, dans le Maroc, que les gens riches ne doivent jamais aller à pied, Muley-Absulem me fit donc donner un cheval, mais non le meilleur de ses écuries. Au moins me servit-il à visiter les environs de Tarudant. Avant l'unité du royaume de Maroc, cette ville était capitale d'un des petits états qui composaient l'Empire, maintenant elle n'est plus que capitale de province. Sa vieille muraille qui l'entourait est à peu près détruite, les maisons sont en terre, et n'ont qu'un rez-de-chaussée. Les appartements, bas et incommodes, ne sont habités que par les ouvriers et les artisans; les gens riches habitent hors de la ville.

La Juiverie est un misérable faubourg situé à un quart de lieue de la ville; les Juifs en sont les seuls habitants et sont à ce point tyrannisés par les Maures que ceux-ci les obligent à n'entrer dans la ville que pieds nus.

La fabrication des vêtements est le fond du commerce de Tarudant, on y voit aussi beaucoup d'ouvriers employés à travailler le cuivre que l'on tire en abondance d'une mine située dans le voisinage de la ville.

Insensiblement la vue revenait à mon illustre malade, lui qui peu auparavant ne pouvait distinguer une pomme à deux pas, en était arrivé à pouvoir regarder l'heure à une montre, expérience que je tentais souvent. Non-seulement il put remarquer la marche et la place des aiguilles, mais encore il me fit observer que ma montre, d'un vieux style, était démodée, et aussitôt m'en fit donner une toute en or et d'un grand prix. Je fus très flatté de cette attention et je commençais à concevoir une haute idée de la générosité de Muley-Absulem. Combien je devais m'apercevoir un jour de mon erreur !

Un jour, je revenais de panser un malade, lorsque tout à coup je m'entends appeler : « *Tibid ! tibid !* » — Docteur ! docteur ! — Surpris, je me retournai et j'aperçus Muley-Omar, un des fils de l'empereur et frère de Muley-Absulem. Assis au-dessus de la porte par où je devais passer, ce jeune prince, accompagné d'une suite nombreuse, examinait une troupe de cavaliers partagés en deux bandes faisant des évolutions militaires. Il me demanda comment je trouvais le cheval que son frère m'avait donné. Je n'eus garde d'en dire ce que j'en pensais et je me mis à en faire grand éloge.

Un soir que j'étais profondément endormi, je fus réveillé en sursaut par un grand bruit. Mon premier mouvement fut de penser que quelqu'un ayant démoli une cloison tentait de s'introduire chez moi ; le fait est si fréquent à Tarudant, les voleurs sont si audacieux, que je ne voyais là rien d'impossible. Cependant il n'en était rien. C'était une maison voisine qui venait de s'effondrer et qui avait sous ses décombres englouti deux malheureux Juifs. Je me hâtai vers le lieu du sinistre ; on retirait les deux victimes que l'on croyait broyées : je les fis transporter chez moi afin de leur donner les soins nécessaires ; mais ils étaient plus malades de peur que de leur chute. Cependant cet événement avait amené un monde considérable dans mon appartement et vint un moment où le plancher se mit à craquer en deux endroits différents : aussitôt je fis évacuer ma pauvre chambre, bien aise d'échapper à un danger qui aurait pu m'être funeste.

J'étais cependant en butte continuellement aux vexations de la foule, et parmi elle je dois distinguer ces hommes insolents, qui, parce qu'ils sont revêtus de l'habit de shérif, se croient absolument tout permis. Un jour j'en rencontrai un qui fonça sur moi avec son mulet, mon cheval prit peur et se cabra : je me plaignis de la brutalité de cet individu qui me répondit avec insolence que sa qualité de Shérif lui donnait le droit de me battre si tel était son bon plaisir. Ne pouvant lui faire entendre raison, j'exhibai mon titre de médecin du fils de l'empereur : le nom de Muley-Absulem lui fit aussitôt changer de ton et, d'arrogant qu'il était, il se confondit en excuses. Il fallait bien me contenter de ce qu'il me donnait, heureux encore qu'il ne m'eut point fait un plus mauvais parti.

Depuis un mois je traitais Muley-Absulem lorsqu'il m'apprit que son père lui avait enjoint de se préparer à accomplir le grand pèlerinage de la Mecque. Je devais l'accompagner jusqu'à Maroc, visiter Fez et Meqüinez, ce qui me permettrait, ajoutait-il, de visiter toutes les plus belles villes de l'Empire. Toutefois le pèlerinage de la Mecque ne devait s'effectuer qu'autant que la santé du prince lui permettrait de le faire. Mais la guérison s'accentuait si rapidement qu'il n'y avait à redouter aucun empêchement.

Je crus le moment favorable pour rappeler au prince sa promesse touchant les captifs chrétiens. Mais je pense que je n'aurais jamais réussi si je ne me fusse servi d'une ruse. Il y avait en effet parmi eux un capitaine anglais nommé Dwing. Je persuadais au prince qu'il était médecin et que pouvant me consulter avec lui sa guérison serait bien plus rapide. Le prince donna dans ce subterfuge et le prisonnier fut rendu à la liberté.

Soudain je reçus directement de l'Empereur un ordre m'enjoignant de partir pour Maroc ; j'étais bien un peu affecté de quitter le prince qui me semblait si bon et si attaché à ma personne, mais je ne pouvais contrarier les ordres du roi. Je pris donc mon parti, et assez gaiement.

Je fus bien déçu de toutes mes espérances ! Une montre en or, un mauvais cheval, et quelques rixdales, tel fut la magnifique récompense dont je fus gratifié pour un voyage fort peu agréable de cent soixante lieues.

VI.

Voyage à travers l'Atlas. — Observations sur cette montagne. — La Race des Brèbes, leur nombre, leur force, leur industrie, leur commerce.

L'ordre de l'Empereur était formel, il fallait obéir sans retard ; je prescrivis donc quelques remèdes à Muley-Absulem et quittai Tarudant le 30 novembre. Un alcade et deux cavaliers nègres formaient mon escorte, j'emportais avec moi les riches présents que le prince a l'habitude d'envoyer chaque année à son père : c'étaient trois caisses pleines d'argent et dix chevaux de prix. J'avais en outre avec moi mon interprète, un Juif pour ma cuisine et un muletier pour les bagages.

A vingt milles de Tarudant, je me vis au pied du Mont-Atlas. Le soir, je dressai ma tente, remettant au lendemain l'ascension de cette montagne, qui s'effectue par un chemin étroit, tortueux et très fatigant à cause de sa hauteur prodigieuse et des roches qui la couvrent.

Dès le premier mille, nous étions environnés de précipices, à certains endroits le chemin si étroit et bordé d'abîmes laissait à peine la place nécessaire à un mulet pour passer. J'étais émerveillé de la sûreté des jambes de nos montures dans des endroits si périlleux. Toute la journée ce ne fut que montées et descentes, dont je ne vis la fin que vers six heures du soir. Je dressai ma tente et passai une nuit délicieuse après nos fatigues du jour. Quel ne fut pas mon étonnement, à mon réveil, de voir se dérouler devant moi ces ravissantes vallées qui précèdent les plaines de Maroc.

Les montagnes de l'Atlas sont riches en fer ; on y rencontre des lions, des tigres, des loups, des sangliers et même quelques serpents. Ces animaux ne quittent la montagne que lorsque la faim les pousse trop vivement, ce qui est fort rare, et alors ils descendent dans la vallée.

La montagne n'est habitée que par quelques hommes dont on aperçoit çà et là les cabanes disséminées sur les flancs abruptes, et qui forment les villages de la montagne. Cette race d'hommes différente des Maures et des Arabes se nomme Brèbes. Ce sont les véritables originaires du pays. Ils vivent libres, mais chaque village se choisit son chef, ou cheik.

Les Brèbes sont robustes, à demi-grossiers, ne sont pas nomades comme les arabes des camps ; ils se rasent le dessus de la tête, et n'ont pour tout vêtement que des camisoles de laine sans manches. Leur grande occupation est la chasse, ils cultivent aussi les vallées, et gardent les bestiaux, et font même un commerce assez considérable de peaux.

Ils ont une affection toute spéciale pour leurs fusils, et ne connaissent rien au-dessus. D'ailleurs très adroits, ils le connaissent d'une longue habitude; leur vénération pour cette arme est si grande que l'on en voit mettre jusqu'à soixante ou quatre-vingts ducats pour le faire incruster d'argent et d'ivoire.

Les Brèbes ont aussi leurs marchés ; ils y vendent leurs bestiaux et échangent leurs marchandises. Comme religion, ils se sont rapprochés des Maures, mais ont conservé leur ancien langage. Parmi les Brèbes, il en est qui vivent encore sauvages, et qui ne quittent pas leurs cavernes, mais ceux-là sont peu nombreux.

Quant à leur nombre, les Brèbes sont très nombreux ; ils donnent même du souci à l'Empereur, car s'il éclate une rébellion ou un refus d'impôt parmi eux, toute l'armée du Maroc doit être mise en réquisition contre eux, et encore tout ce qu'elle peut faire c'est de les disperser, non de les soumettre. La montagne est leur forteresse que nul soldat ne peut prendre : il faut y avoir vécu pour pouvoir entrer en campagne.

J'ai pu remarquer que dans ces montagnes sauvages, la musique n'y est pas tout à fait inconnue. Ainsi la première nuit que j'y passai j'entendis le soir un instrument qui me fit l'effet de loin d'une cornemuse. Curieux de voir de près cet instrument, j'envoyais chercher celui qui en jouait. Je vis une sorte de flûte à bec de huit pouces de long, percée de six trous en dessus et d'un seul en dessous pour le pouce. De petites lames de cuivre, placées à égales distances, y servaient d'ornement. En somme, après examen, cet instrument me sembla se rapprocher beaucoup du chalumeau tant chanté par les anciens poètes, et rendu célèbre par les bergers qui en tiraient des sons si harmonieux.

L'impression que me laissèrent ces montagnes fut des plus heureuses ; rarement j'ai vu des situations aussi pittoresques et aussi grandioses dans leur nudité, côtoyer des campagnes et des vallées aussi riantes et aussi fraîches. Le contraste est des plus saisissants.

VII.

Arrivée à Maroc. — Intrigues des médecins maures pour le perdre aux yeux de l'Empereur. — Description de Maroc. — Les Juifs en Barbarie.

Je quittais l'Atlas le 7, il me fallait un jour et demi pour arriver à Maroc, la distance fut rapidement franchie, et le 8 décembre, à midi, j'étais dans la capitale du Maroc. J'avais parcouru cent vingt-cinq milles. Je connaissais, dans le quartier des Juifs, un bon logement, je m'y installai. Je pensais que l'Empereur, informé de mon arrivée, me ferait bientôt mander près de lui; mon attente fut déçue, ce ne fut qu'un mois après mon arrivée que je pus obtenir une audience.

Toutefois je n'étais pas sans être un peu inquiet de ce que l'Empereur, qui m'avait fait venir si précipitamment, semblait si peu se soucier de mon arrivée. Divers bruits qui couraient en ville, et que me recueillit mon interprète, m'apprirent que la cabale des courtisans avait déjà fait son œuvre. Comme à Tarudant, on disait que j'étais bien plus jeune que je ne le disais, et qu'en conséquence je ne pouvais être un bon médecin; et pour preuves à l'appui, on citait le traitement que j'avais fait suivre à Muley-Absulem : on citait comme absurde que pour une maladie des yeux j'eusse administré des médicaments à l'intérieur : c'était toujours la même fable.

Il y en eut même qui poussèrent la calomnie jusqu'à insinuer que mon dessein avait été d'empoisonner le fils de l'Empereur. Je cherchais à découvrir le fauteur de cette accusation mais je ne pus y arriver. Mes démarches me firent cependant connaître le motif de mon rappel à Maroc : c'était une cause politique ; les négociations entre le gouvernement britannique et l'empire ayant été interrompues.

Tous ces ennuis furent tempérés par la bonne hospitalité que je trouvais chez les braves gens que j'avais choisis pour hôtes ; de plus, la nourriture y était bon marché. Quant à la société, j'en étais un peu privé, cependant je trouvais là quelques pauvres compatriotes, des marins français, que le sort de la guerre avait rendu prisonniers. Ce qui me fut le plus sensible, ce fut l'amabilité et les bons procédés dont usa avec moi un officier de marine français, également captif.

L'Empereur s'efforçait d'adoucir la captivité de ces malheureux en leur faisant distribuer parfois de l'argent. Mais qu'était-ce en comparaison de la liberté perdue.

Il y avait aussi à Maroc un couvent de religieux espagnols qui soignaient les malades et leur distribuaient des remèdes ; nos relations étaient très cordiales, mais, n'entendant point l'espagnol, il m'était difficile d'entrer dans des relations plus intimes. Le dévouement qu'ils montraient à soulager les infirmités sans nombre des malheureux, leur venant encore en aide en leur donnant l'instruction, m'a toujours pénétré d'admiration.

N'ayant rien de mieux à faire en attendant que l'Empereur eut statué sur mon sort, je me mis à visiter la ville. Maroc est située dans une belle plaine au bas de laquelle prend naissance une petite chaîne de montagnes. Les environs sont bien cultivés; les plantations de palmiers y abondent. A cinq milles, au midi de la ville, est un *immense jardin planté d'oliviers* que l'Empereur fait cultiver avec le plus grand soin. Quant à l'intérieur de la ville, elle n'offre absolument rien de remarquable. Les rues en sont étroites, sales et mal alignées; à chaque pas l'on voit des maisons en ruines et abandonnées.

L'hôtel de l'Effendi, ou premier ministre, était un des plus beaux de Maroc; contre l'usage du pays, il avait deux étages; les appartements, rangés avec goût, ouvraient au rez-de-chaussée sur une cour pavée de tuiles bleues et blanches. Cet hôtel présente un véritable confortable avec ses bains chauds et froids, c'est d'ailleurs le seul qui mérite de fixer l'attention des voyageurs. Le reste de la cité est misérable et déserte.

Le palais de l'Empereur est immense et en mauvais état; à lui seul c'est presque une ville. Il renferme une mosquée, et tous ceux qui ont *quelque charge à* la Cour y sont logés ; l'alcade qui y commande est indépendant du gouverneur de la ville.

A Maroc, les Juifs sont assez peu nombreux, ils ont un quartier à part sous la direction d'un alcade nommé par l'Empereur pour vider les différents. A neuf heures du soir, on ferme les deux portes du quartier des Juifs ; alors personne ne peut ni entrer, ni sortir. Ils ont un marché particulier pour l'écoulement de leurs denrées, de même qu'à Tarudant ils doivent sortir nu-pieds.

Annuellement les Juifs paient un impôt à l'Empereur, proportionné à la population. Dans toute l'étendue de l'Empire, ces malheureux sont traités avec mépris comme des êtres d'une classe inférieure. Cependant, sans eux, il n'y aurait point de commerce, seuls ils ont le véritable génie des affaires et en ont tout le maniement.

Les Juifs s'habillent absolument comme les Maures, seul le culte religieux diffère. Ils se rasent la tête et portent la barbe longue. Ils ne peuvent sortir du pays sans une autorisation spéciale de l'Empereur. Il leur est absolument interdit de porter des armes.

Les Juifs du Maroc célèbrent leur mariage avec grand apparat ; quelques jours avant la célébration, la future se peint la figure avec du rouge et du blanc, et se fait aux mains des marques jaunes avec une herbe appelée henna.

Lorsqu'un Juif vient à mourir, ses plus proches

parents, ou des femmes payées pour en faire le deuil, prennent possession de la chambre du défunt jusqu'au jour de l'enterrement, et là se lamentent avec des cris de désespoir et de douleur, en s'arrachant les cheveux.

Les femmes juives sont communément blondes et fort belles. Elles se marient fort jeunes ; alors elles sont tenues de sortir voilées. Jamais elles ne prennent leurs repas avec leurs maris.

Le palais de l'Empereur est entouré d'un mur si élevé que du dehors on ne peut en apercevoir les bâtiments. On traverse plusieurs grandes cours avant de pénétrer dans le palais. Le palais se compose de plusieurs pavillons de forme carrée, irrégulièrement bâtis. Chaque pavillon porte le nom d'une des principales villes de l'Empire. Le dernier construit se nomme Mogador, à cause de la prédilection de l'Empereur pour cette ville. Ce bâtiment est extrêmement soigné, et, comparé aux autres, luxueux. On y voit quelques beaux appartements, pavés en tuiles blanches et bleues et disposées en échiquier. Le plafond de bois peint est sculpté d'une manière fort originale. Les murs sont en stucs de diverses couleurs, et ornés de grands miroirs et de pendules symétriquement disposés.

Les appartements de l'Empereur ne sont guère mieux meublés que ceux d'un simple particulier. Un tapis, des coussins, une ottomane, deux petites bergères, voilà tout ce que j'y ai vu de plus confortable.

Ce qu'il y a de plus flatteur à la vue, ce sont plusieurs jolis jardins disséminés dans l'intérieur du palais. Ils sont plantés d'oliviers et d'orangers. Des fontaines qui déversent leurs eaux dans de gracieux bassins donnent à ces jardins un certain air de ressemblance avec nos magnifiques parcs européens.

VIII.

Difficultés pour obtenir une audience de l'Empereur. — L'audience est accordée. — Caractère de l'Empereur Sidi-Mahomet ; ses qualités, ses vices. — Vénalité de la cour du Maroc. — Forces militaires de l'Empire. — Sa marine, ses finances. — Ses lois civiles et criminelles.

Ainsi que je l'ai déjà rapporté, un mois s'était écoulé sans qu'il me fut possible d'obtenir une audience de l'Empereur. Mes fonctions de médecin étaient cependant de nature à me mettre en évidence, et souvent même j'avais été appelé à donner des conseils médicaux aux ministres. Je recevais toutes sortes d'assurances sympathiques, mais, au-delà, il m'était impossible de rien arracher à ces hommes qui sont vraiment la duplicité incarnée. Un d'entre eux, auquel Muley-Absulem m'avait recommandé par une lettre chaleureuse et dont je soignais un des proches parents gravement malades, me témoigna autant de fausseté que les autres. Tant qu'il me crut utile à son parent, il me berça de splendides promesses, à peine fut-il guéri qu'il n'eut seulement pas l'air de me connaître. Au surplus, que pouvais-je bien espérer d'un homme couvert de crimes, et qu'avait rigoureusement puni l'Empereur en lui arrachant une partie de sa barbe, punition déshonorante qui ne l'empêchait pas d'être en faveur auprès de son maître.

Fatigué de ces démarches inutiles, je m'adressai aux courtisans; je pensais, non sans raison, que les favoris me seraient d'un plus grand secours pour parvenir à mes fins. L'occasion ne tarda pas à se présenter. Je fus appelé peu après à donner mes soins à une femme juive protégée de l'Empereur, mon traitement l'ayant rendue à la santé, elle m'en fut reconnaissante en faisant demander par son mari l'audience tant désirée. Je l'obtins sur-le-champ.

Au jour fixé pour l'audience, trois soldats nègres, armés de lourdes massues, vinrent me chercher à midi pour me conduire au palais. Ils devaient m'amener aussitôt, leurs têtes répondaient de leur exactitude. Surpris par cette démarche inattendue, je leur demandai quelque répit afin de me préparer à paraître devant l'Empereur. Loin de consentir, ils témoignèrent de leur impatience et me firent comprendre qu'il fallait partir sans délai. Je les suivis aussitôt.

Arrivé au palais, je fus remis entre les mains du maître des cérémonies qui me pria d'attendre qu'on m'appelât. Enfin mon tour arriva: un esclave vint à moi, me fit traverser deux grandes cours et me conduisit jusqu'à la porte d'entrée. Là, le maître des cérémonies m'arrêta, refusant de me laisser pénétrer dans la salle des audiences parce que je n'apportais pas les présents d'usage. J'avais pensé que ma qualité de médecin du fils chéri de l'Empereur me dispensait de cette formalité, aussi fis-je dire au maître des cérémonies, par mon interprète, que s'il ne voulait pas me laisser passer, j'allais porter plainte. Il comprit aussitôt à qui il avait affaire, et sachant que l'Empereur m'attendait, il me conduisit aussitôt près du monarque, et me désigna la place que je devais occuper, presqu'en face de l'Empereur. Alors le maître des cérémonies s'avança vers son souverain, se prosterna, baisa la terre, et se relevant prononça en arabe, d'un ton respectueux : *Que Dieu sauve le Roi!* L'Empereur lui fit signe d'approcher, et lorsqu'il eut appris que le médecin anglais venait d'être introduit, le maître des cérémonies se retira en faisant une profonde révérence.

L'empereur était dans une sorte de fauteuil à roues attelée d'un mulet, tenu à droite et à gauche par des Maures. Derrière cette espèce de voiture se tenaient deux valets de pieds et plusieurs nègres ; au fond deux divisions de soldats formaient l'hémicycle, les uns armés de massues, les autres de fusils.

L'Empereur me considéra d'abord avec attention et bienveillance, puis demanda à mon interprète si j'étais le médecin de son fils Muley-Absulem ; puis il m'adressa la parole directement. Sa première question fut si j'étais venu par hasard dans le pays, où si j'avais été envoyé par le roi d'Angleterre, je répondis que je m'étais rendu au Maroc sur l'ordre de mon gouvernement. Il s'informa ensuite où j'avais étudié la médecine et du nom du professeur qui me l'avait enseignée. Il me fit ensuite plusieurs autres questions, notamment au sujet du thé, me demandant pourquoi j'avais interdit cette boisson à son fils. A ma réponse que Muley-Absulem étant très agité j'avais cru le thé pernicieux pour lui, il me répondit que puisque le thé était si mauvais à la santé, il s'étonnait fort que les Anglais en fissent une aussi forte consommation. Je convins qu'il y avait certainement abus sur ce point, mais que cependant nous savions en tempérer les effets en y joignant une teinte de lait ou de crème, et que d'ailleurs, chez nous, le thé se prenait très léger, tandis qu'en son empire on le faisait très fort. L'Empereur me fit alors remarquer qu'en effet, au Maroc, il existait chez beaucoup de personnes une grande irritabilité de nerfs. Puis il fit apporter une douzaine de bouteilles de liqueurs me priant de les goûter et de lui dire celles qui étaient échauffantes ou rafraîchissantes.

L'Empereur mettait tant de simplicité dans ses demandes et semblait me témoigner tant de franche bonté, que je m'enhardis à lui parler des propos injurieux qui avaient été tenus sur mon compte, le suppliant de faire connaître mon innocence par un sérieux examen de l'état de Muley-Absulem. Sa majesté me répondit qu'il n'avait aucun doute à cet égard, son médecin ayant analysé toutes mes médecines et n'y ayant rien trouvé de contraire à la santé.

L'audience était terminée, mais l'Empereur voulut me faire conduire chez l'honnête Juif qui m'avait procuré une si haute faveur ; il recommanda en outre qu'on ne me laissât manquer de rien, et proclama bien haut que j'étais le médecin qui avait guéri son fils Muley-Absulem, et qu'il avait la plus haute opinion de mon savoir.

Le soir, je rentrai chez moi, fort heureux de ma journée ; j'étais donc enfin lavé de toutes les méchancetés qu'on avait répandues contre moi. Cependant à peine fus-je retiré dans mon appartement qu'une foule vint m'assaillir en me complimentant de l'honneur insigne dont j'avais été l'objet, et demandant des présents. Ils assuraient que tel était l'usage. Ne voyant aucun autre moyen de me débarrasser de ces importuns quémandeurs, je leurs fis quelques libéralités et les renvoyai.

L'Empereur Sidi-Mahomet avait à cette époque quatre-vingts ans. Son visage long, maigre et d'une grande pâleur, joint à un mouvement convulsif de l'œil, lui donnait un aspect sévère. Mais son affabilité et la douceur de sa voix corrigeaient la fâcheuse impression du premier moment. Aimant à s'instruire, il prenait plaisir à converser avec les gens de mérite et causait volontiers de leurs sujets favoris.

Avec plus d'éducation, il eut pu développer un certain esprit naturel, inné en lui, et fut devenu un grand monarque, mais le peu de souci accordé à ses jeunes années l'avait lancé dans toutes sortes de vices : la superstition et l'avarice avaient seuls place en son cœur et le poussaient aux plus cruels excès. Mais un trait de son caractère, qui ressort le plus vivement, c'est son orgueil de maître absolu. Voulant tout gouverner et tout avoir, les moyens les plus violents le rendaient maître de ce qu'il ne pouvait obtenir par l'intrigue. Il n'avait même pas ménagé le seul fils qu'il aimât, Muley-Absulem, et l'avait privé d'une partie considérable de sa fortune. D'un naturel soupçonneux et défiant, il ne sortait de son palais qu'accompagné d'une garde nombreuse. Il redoutait surtout de se voir détrôner par son fils Muley-Yazid, prince qu'il avait disgracié en l'envoyant près de Tétuan, dans un sanctuaire dont l'asile est sacré.

Arrière petit-fils d'une anglaise, ce prince était doué d'un grand esprit et menait une conduite irréprochable. Plein de respect pour son père, il n'eut jamais songé à lui porter atteinte en quoique ce soit, cependant Sidi-Mahomet avait mis en campagne près de trois mille noirs pour essayer de l'arrêter. Ce projet échoua; le chef de l'expédition ne voulant pas porter la main sur un prince si bon et si généreux.

Voici d'ailleurs un trait qui fait bien ressortir l'esprit du prince Muley-Yazid. L'Empereur avait enjoint aux saints personnages qui avaient la garde de l'asile sacré où s'était réfugié son fils, de mettre tout en œuvre pour le chasser où le forcer à partir, sous peine d'être tous passés au fil de l'épée.

Muley-Yazid promit de partir si le ciel approuvait qu'il quittât sa retraite. Il monta donc à cheval, et malgré les efforts qu'il parut faire pour forcer sa monture à franchir le seuil du sanctuaire, la bête resta immobile. Alors se tournant vers la foule : « Vous le voyez bien, le ciel est contraire à mon départ, je dois demeurer ici. » Il est certain que si Muley-Yazid n'avait pas eu une grande présence d'esprit, et s'il n'eut été parfait écuyer, il ne se serait pas tiré d'une manière aussi brillante de cette difficile impasse.

Il est peu de pays où l'argent soit tant en honneur et joue un aussi grand rôle. En effet, depuis l'Empereur jusqu'au plus petit fonctionnaire, tous spéculent sur l'argent de ceux qui leur sont soumis ; les étrangers mêmes ne sont pas exempts de cette loi.

Et en effet, veut-on obtenir une audience de l'Empereur, on doit commencer par faire un présent à un de ses ministres. Si le premier présent n'est pas jugé assez considérable, il n'y a d'autre chose à faire que d'en offrir un plus magnifique, et encore est-il souvent nécessaire de répéter la même cérémonie avec deux ou trois autres ministres, sous peine d'être éconduit. La voie la plus sûre et la plus rapide est encore d'envoyer des cadeaux aux sultanes, car les femmes sont toutes puissantes auprès du Souverain.

Mais tout ceci n'est que préliminaire, car il ne faut pas se présenter devant l'Empereur sans avoir à lui offrir des présents dignes de son rang ; heureux encore si vous êtes admis à l'audience sollicitée ; encore les présents doivent ils être toujours proportionnés à la grâce à obtenir, autrement le refus est certain. A peine êtes-vous sorti de l'audience qu'une nuée de demandeurs s'abat sur vous, chacun réclamant un salaire; le maître des cérémonies paraît le premier, après lui viennent les valets, gardiens de portes, dont le nombre est infini.

En résumé, outre les trois grands présents de toute obligation à l'Empereur, à ses ministres et au maître des cérémonies, présents toujours en rapport avec sa situation et l'objet de la requête, il a été fait le calcul qu'il faut encore donner aux différents employés du palais une somme d'environ deux cents à deux cent vingt francs. C'est vraiment le système de rançon poussé à sa plus haute puissance, et lorsque l'on a obtenu la grâce ou faveur sollicitée, on peut dire, en toute vérité, qu'on *ne l'a pas volée*. Et d'ailleurs ajoutons que l'on n'est jamais sûr de réussir du premier coup.

Ces sortes d'impôts sont d'ailleurs faciles à expliquer par le nombre considérable de charges existant à la cour du Maroc, charges dont aucune n'est rétribuée; il appartient donc à chacun, avec l'assentiment tacite de l'Empereur, de pourvoir à sa rémunération; et naturellement ce sont les étrangers et les solliciteurs qui fournissent le budget.

Les forces de terre de l'empire du Maroc se composent en grande partie de soldats nègres venus autrefois de Guinée; le reste du contingent est fourni par les naturels du pays. On peut évaluer l'armée à environ trente-six mille hommes, dont environ vingt-quatre mille hommes de cavalerie. En temps de guerre, le nombre s'en accroît sensiblement, tous les sujets de l'Empereur devant marcher à la première réquisition. La garde de l'Empereur se compose de six mille hommes qui résident toujours auprès de sa personne. Les autres troupes sont réparties dans les différentes villes de l'Empire. L'Empereur lui-même pourvoit à l'habillement du soldat, mais son vêtement est absolument semblable à celui des autres sujets ; seules les armes le distinguent.

Son équipement est bien simple ; il se compose d'un sabre, d'un long fusil, d'un sac à balles et d'une poire à poudre. Quant à sa paye, elle est plus qu'insignifiante, mais il se rattrape sur le pillage dont il ne se fait point faute. Un général en chef, secondé de quatre alcades ou chefs de divisions, a le commandement supérieur des forces de l'Empire.

La marine impériale comprend quinze frégates et une quarantaine de galères à roues ; ces bâtiments, qui ne servent guère qu'à la piraterie, sont sous la haute direction d'un amiral. On évalue à six mille le nombre des matelots employés pour le service de la flotte.

Quant aux finances, elles se composent : 1° d'un dixième sur tous les objets de consommation et sur tous les produits du pays ; 2° d'un impôt annuel sur les Juifs, impôt autorisé par l'Alcoran ; 3° des produits de la douane et des droits d'assise ; 4° des tribus exorbitants arrachés aux étrangers sujets de l'Empire, tribus également payés par les marchands européens sous forme de cadeaux ou présents. Ce dernier article est le plus lucratif et celui qui rapporte le plus à l'Empereur.

Quand au mode d'administration, chacun prend sa part en passant, et si l'Empereur se trouve avoir besoin d'argent, il prescrit un impôt extraordinaire, qui n'est pas celui qui rapporte le moins à cause des moyens expéditifs qu'il emploie dans la circonstance.

Pour ce qui est de l'administration civile, chaque province est administrée par un bacha, nommé par l'Empereur. Tant que dure leur faveur, ces gouverneurs jouissent d'un pouvoir presqu'illimité. A part la mort, ils peuvent infliger telle punition qui leur plaît, imposer les amendes, piller les particuliers, lever des taxes, et personne n'ose se plaindre, les bachas arrivent ainsi facilement à faire fortune.

Mais assitôt que l'Empereur apprend qu'un bacha s'est enrichi aux dépens de la province qu'il gouverne, ce qui ne pourrait guère avoir lieu autrement, il lui impute des torts, le fait mettre en prison et, avant son jugement, commence par s'emparer de ses biens ; si le bacha se justifie, sa place lui est rendue, mais ses biens, jamais.

Dans chaque ville, le bacha confie l'administration civile et militaire à un alcade ; il doit veiller à la sûreté publique au moyen des troupes qu'il a sous ses ordres ; ces troupes lui servent le plus communément à faire payer les impôts, poursuivre les malfaiteurs, et porter ses dépêches ou ses ordres.

D'ailleurs ses attributions sont multiples : l'alcade juge au civil et au criminel, fait punir les coupables et peut même en certains cas condamner à mort.

Des abus naissent infailliblement de ce pouvoir illimité et sans contrôle ; il n'est pas rare en effet de voir la jalousie jouer on rôle sérieux dans nombre de cas ; et tel particulier qui déplaît à l'alcade peut se voir condamner sous le prétexte le plus futile, au moyen même d'un délit supposé.

D'un autre côté, un scélérat notoirement coupable peut se voir déclaré innocent moyennant une somme donnée à l'alcade. L'alcade est encore aidé par le cadi qui juge au civil les questions de droit entre particuliers pour dettes, partages, etc. Le cadi est en même temps ministre du culte et rend ses jugements d'après le Coran. Le chef supérieur du cadi pour la religion est le mufti, ou chef suprême ; il ne s'occupe point des affaires touchant le contentieux.

Quand aux criminels, leur punition dépend du souverain seul. Les fautes légères sont punies de la bastonnade et de la prison. Si le délit est grave, les peines deviennent plus sérieuses, suivant les cas. Ainsi, dans le vol, projets d'assassinat, etc., les mains sont coupées, ou seulement une main et un pied. D'autres criminels sont passés à l'épée, assommés à coup de massues, ou décapités. Sidi-Mahomet entretenait à sa suite une troupe d'exécuteurs qui excellaient à disloquer un cou, casser une jambe, un bras, sans pour cela faire mourir le patient.

Comme la justice est on ne peut plus arbitraire, le plus souvent des prévenus de vols, ou autres délits entraînant une peine afflictive, sont mis à mort avant seulement d'avoir pu produire leur défense.

Les exécutions se font toujours en présence de l'Empereur. Je n'ai jamais eu occasion d'assister aux grandes exécutions, mais j'ai su qu'on coupait les bras et les jambes avec un couteau d'abord pour les chairs, et une scie pour les os, puis on plonge le moignon dans un bain de poix bouillante afin d'arrêter l'hémorragie; c'est le seul moyen qu'ils connaissent pour y parvenir.

Un fait vous donnera une idée de l'indifférence avec laquelle les princes maures voient de semblables supplices. Je priai un jour le fils de l'Empereur de vouloir bien présenter à son père un mémoire ; le prince me répondit avec un grand sang-froid qu'il n'avait pu communiquer mon affaire à son père parce qu'à la dernière audience il ne s'était occupé que de faire exécuter des criminels.

Le cœur me soulevait devant une pareille barbarie, et ce sang-froid imperturbable au sujet de traitements si atroces !

IX.

Arrivée de Muley-Absulem à Maroc. — On lui fait une brillante réception. — Ingratitude de ce prince envers son médecin. — L'auteur adresse une demande à l'Empereur pour retourner en Europe. — Malgré de nombreux présents la démarche échoue.

Dix jours s'étaient écoulés depuis ma présentation à l'Empereur lorsque Muley-Absulem arriva de Tarudant pour faire son pèlerinage de la Mecque. Prince chéri de la famille royale, son entrée à Maroc se fit avec une pompe extraordinaire. Il n'était encore qu'à une distance de quelques milles de la ville, que, sur l'ordre de l'Empereur, ses deux frères, Muley-Slemma et Muley-Oussine, le bacha et toutes les personnes de haut rang dans la province, précédés d'une musique nombreuse, se portèrent au-devant de lui : à quatre milles de la ville, on rencontra le fils chéri de l'Empereur ; alors le cortége se forma : douze alcades, environnés d'esclaves portant des oriflammes rouges, ouvraient la marche ; puis venait Muley-Absulem accompagné de ses deux frères, le bacha et les personnages de distinction suivaient. Une garde de cent cavaliers nègres, la carabine au poing, protégeait la marche du cortége, qui s'avança ainsi jusque sous les murs de la ville.

L'Empereur, voulant donner à son fils chéri une

grande marque de bienveillance, vint lui-même le chercher au-delà des portes de la ville. A l'approche du souverain, Muley-Absulem mit pied à terre et se prosterna respectueusement. Sidi-Mahomet le releva et lui prenant la tête entre ses deux mains l'embrassa tendrement, puis témoigna d'une grande joie en voyant ses yeux en aussi bon état.

A l'arrivée de Muley-Absulem, j'étais inquiet de savoir quel accueil ce prince me ferait. Mais la réception gracieuse qu'il me fit calma bientôt mes inquiétudes ; ce jour-là il me dit combien sa vue s'améliorait chaque jour, et avoua même que sa santé s'était bien affermie.

Dans une seconde visite, profitant de ses bonnes dispositions, je lui parlai des efforts de la calomnie pour me nuire ; il me promit d'user de son pouvoir pour faire disparaître jusqu'à la trace de ces méchancetés. Puis il m'annonça qu'il était disposé à ne pas abandonner le traitement que je lui avais fait suivre, m'assurant que l'Empereur m'autorisait à poursuivre mon œuvre de guérison ; puis, pour m'encourager, il me promit encore, pour la centième fois au moins, la liberté des prisonniers anglais. Muley-Absulem avait amené avec lui le capitaine Dwing, ce pauvre naufragé devenu avec ses matelots les esclaves des Maures et auquel j'avais fait rendre la liberté. Je devais donner mes soins au prince jusqu'à son départ pour la Mecque, puis les captifs et moi nous accompagnerions Muley-

Absulem jusqu'à Salé, d'où une escorte nous conduirait à Tanger.

Lorsque le moment du départ du prince fut arrivé, je me présentai chez lui afin de prendre ses derniers ordres. Quel ne fut pas mon étonnement lorsque l'on me répondit que très occupé il ne pouvait me recevoir. Je revins donc une heure avant son départ, on me congédia de la même façon, seulement le prince m'envoyait dix rixdales, sans doute pour se débarrasser de moi. Je compris dès lors et son inconstance, et son ingratitude.

Cependant je résolus d'attendre le prince à sa sortie du palais. Il me fit dire que seul l'Empereur pouvait me permettre de retourner en Europe, et, sautant légèrement à cheval, il disparut sans même daigner me regarder.

Il était assez singulier que venu pour donner mes soins au fils de l'Empereur et par conséquent non comme un prisonnier, je ne fusse pas plus libre que mes malheureux compatriotes esclaves.

Je ne savais comment sortir de cette fâcheuse position. J'adressai une lettre pressante au consul anglais à Tanger, mais elle mit si longtemps à parvenir qu'elle n'avança pas d'un jour mon départ du Maroc. Enfin, à bout d'expédients je fis une dernière démarche et fis parvenir, enveloppée dans un mouchoir de soie, une supplique à l'Empereur pour qu'il me laissât retourner à Gibraltar.

J'avais connu à Tarudant le prince Muley-Omer, je lui portai ma requête, l'accompagnant d'un présent de toile d'Irlande, environ la valeur de six rixdales. Il accepta mon présent et me promit de s'occuper de mon affaire en telle sorte que l'on me donnât satisfaction au plus tôt. Je ne doutais pas du succès de cette démarche, l'air de bienveillance du prince m'avait inspiré confiance ; mais, prévoyant avant tout, je pris soin d'étendre mes largesses à un bon nombre d'agents du gouvernement. Mais soit que mes présents eussent paru insuffisants, soit que l'on s'attendît à les voir se renouveler, ni eux ni ma lettre ne produisit le moindre effet.

X.

Les Maures. — Leurs habitudes. — Mosquées et cérémonies religieuses. — Les mariages. — Les caravanes.

Une de mes grandes consolations sur cette terre d'exil me fut enlevée peu après le départ de Muley-Absulem : les prisonniers anglais furent envoyés à Mogador pour être de là expédiés sur Gibraltar ; je perdais donc là un de mes bons amis, le capitaine Dwing. Cependant il me restait encore l'officier français dont j'ai parlé. Nous ne nous quittions plus, mais nous n'osions trop sortir du quartier juif dans la crainte de nous voir assaillis par des pierres.

Chez ce peuple grossier du Maroc, le sang est très mêlé, par suite des rapports entre les anciens Maures et les Turcs, et par l'introduction des nègres dans le pays. Mais ceux-ci sont le plus généralement regardés comme des êtres inférieurs par les naturels du pays.

A la grossièreté des peuples sauvages ou à moitié barbares, les Maures joignent le raffinement du luxe et de la paresse. Leur éducation est nulle. Quant à leur caractère, il est fourbe, envieux, méfiant et superstitieux. Sans doute il existe bien quelques exceptions, mais il faut les considérer comme fort rares.

Leur instruction est nulle, et sans les Juifs qui tiennent assurément le haut bout au point de vue intellectuel, financier et commercial, ni les sciences, ni les arts ne seraient connus au Maroc.

Très avares, les Maures n'aiment pas à passer pour riches et s'efforcent de cacher même leur aisance.

Les sentiments d'honneur et de probité sont pour ainsi dire nuls, la cupidité les domine; on en cite un bien bel exemple. Lorsque l'armée de l'Empereur était campée près de Tanger, le consul anglais invita le général en chef et son aide de camp à venir prendre le thé. L'invitation fut acceptée sans difficulté pour le lendemain. Quand les deux convives eurent quitté le consul, celui-ci s'aperçut de la disparition d'une cuiller, et connaissant le caractère voleur des Maures, ne se fit point faute de la réclamer au général. Celui-ci la rendit aussitôt, s'excusant seulement de l'avoir mis dans sa poche par mégarde.

L'éducation des princes n'est pas plus soignée. Lorsqu'ils arrivent à un certain âge, on les sort du harem, et ils sont confiés à un précepteur dont ils prennent les défauts et les habitudes honteuses. On leur apprend à lire et à écrire, mais là se borne leur instruction; ignorants de l'histoire des peuples voisins, ils ne savent pas le premier mot de celui sur lequel ils règneront un jour; ne connaissent de leur pays ni le terrain, ni les productions, ni les ressources, et ne semblent même pas se soucier de posséder ces connaissances.

Leur habillement est des plus simple et se compose d'un vêtement sans taille, mais serré aux reins par une ceinture. C'est généralement une chemise courte à longues manches, un caleçon de toile blanche, pardessus lequel ils mettent un pantalon de drap descendant à la cheville. Trois ou quatre gilets de couleur différente sont passés sur leur chemise. Les Maures seuls qui ont fait le pèlerinage de la Mecque ont droit a porter le turban.

La boisson préférée est le thé. Lorsque l'on reçoit quelqu'un que l'on a en estime, on lui offre le thé. A Maroc, on le mélange avec des feuilles de menthe. Ils ont un grand plaisir à fumer dans leurs longues pipes dont le fourneau est en terre cuite.

Ils ne font pas usage d'opium, mais seulement de hachich. On assure qu'il procure des sensations délicieuses, il n'en faudrait pas une grande quantité pour s'enivrer.

La loi de Mahomet proscrit toute liqueur ou vin, en même temps qu'elle défend d'avoir des tableaux dans sa maison.

Or j'ai connu un habitant de Maroc qui possédait un très joli tableau qu'il ne se faisait point faute de montrer à quelques personnes intimes seulement, et qui n'avait aucun scrupule pour les boissons. C'est ainsi que je le vis plusieurs fois boire une bouteille de Porto ou de Claret. Ce Maure est le seul qui m'ait jamais bien traité, aussi je lui montrai ma reconnaissance en lui offrant trois douzaines de bouteilles de Claret, que j'avais fait venir à son intention de Mogador.

Lorsque deux Maures se rencontrent, s'ils sont égaux ils se saluent en se secouant vivement la main. Si un homme du peuple passe à côté d'un personnage important, il lui baise le bout de la manche. Les princes du sang et l'Empereur sont salués en ôtant son turban ou son bonnet et par une prosternation.

Quant à leur religion, ils suivent celle de Mahomet. Sous peine de mort, un étranger ne peut entrer dans leurs mosquées, bâtiments carrés, construits avec des matériaux semblables à ceux des maisons. Une cour entourée de portiques précède la mosquée. Au milieu est une vaste fontaine pour les ablutions.

Les Maures n'entrent jamais que nu-pieds dans leurs temples, ils laissent leurs sandales à la porte. Lorsqu'au haut de la mosquée paraît le pavillon blanc, c'est que l'heure de la prière est venue, et alors chacun de quitter ses occupations pour se rendre au temple.

La prière consiste à répéter en chœur un chapitre du Coran. Les Maures ont trois époques de fêtes solennelles dans l'année : la première fête est la commémoration de la naissance de Mahomet, elle dure sept jours ; la seconde est le Ramadan, on doit jeûner pendant trente jours, après quoi une semaine entière est consacrée à la réjouissance ; enfin la troisième fête est un jour fixé par Mahomet aux fidèles pour se rendre compte de leur fortune dont ils doivent payer un dixième aux pauvres. Cette fête ne dure qu'un jour.

Les Maures se marient fort jeunes, surtout les femmes qui le plus souvent sont pourvues à douze ans. Leur religion leur permet d'avoir jusqu'à quatre femmes, mais seuls les riches peuvent profiter de cette licence.

Les mariages s'arrangent d'avance entre les parents des jeunes gens à marier; tout est déjà réglé avant même que les futurs se soient vus. Les cadis président à la cérémonie nuptiale, après laquelle se fait la répartition de la dot. Les négociations ne sont jamais longues. L'accord fait par les parents et les amis devant le cadi constitue l'acte de mariage, il n'y a point d'autre contrat. Le divorce est permis au Maroc. Le fait d'un mari ne pouvant nourrir sa femme est un cas de divorce. Si un mari maltraite sa femme, il doit lui payer huit ducats pour la première fois; la récidive se paye par un habillement fort au-dessus de cette valeur; enfin la troisième fois donne droit à la femme d'abandonner son mari et de se remarier deux mois après. Les femmes portent le deuil de leur mari quatre mois et huit jours durant; elles doivent s'abstenir dans leur habillement de toute parure d'or ou de pierreries.

Tous les ans ont lieu de grands pèlerinages qui se rendent en caravanes à la Mecque. Sept mois avant la première fête solennelle, la naissance du prophète, les pèlerins se rassemblent à Fez. Toutes les classes de la société y sont représentées : la première classe de pèlerins, c'est-à-dire les Montagnards, les Brèbes, n'a pas besoin de permissions pour faire le pèlerinage ; la deuxième classe, les négociants maures, est obligée de se présenter devant le gouverneur des provinces, de cette façon leurs créanciers ne peuvent rien exiger d'eux durant leur voyage ; enfin la troisième classe, comprenant les personnages attachés à la cour ou les fonctionnaires publics, doivent obtenir l'autorisation de l'Empereur.

Le voyage se fait par terre ou par mer. Cette caravane rencontre sur sa route d'autres caravanes qui se joignent à elles, et trafiquent ensemble, car le commerce est loin d'être exclu de ces saints pèlerinages. Tout le long de la route ce n'est qu'un long trafic. L'exportation et l'importation des produits des divers pays se fait en grand.

Il existe d'autres caravanes qui vont dans les provinces sud pour faire seulement du commerce et trafiquer les marchandises ; mais jamais elles ne sont aussi nombreuses que celles que la dévotion attire à la Mecque. Il est rare qu'elles dépassent cent cinquante à deux cents personnes, muletiers et domestiques compris. Celles qui partent du Maroc se joignent à celles qui partent de Tarudant, de Fez ou de Tétuan, afin de passer toutes ensemble le désert.

Le but du voyage est généralement Tombut, où les

caravanes trouvent des négociants maures établis en cette ville pour faire le commerce intérieur de la Guinée. Ce commerce très productif se compose d'ivoire, de poudre d'or et d'esclaves, que l'on échange contre des haicks, vêtements usités au Maroc, et des draps bleus fort estimés, des poignards turcs, des miroirs, du tabac, du sel.

Le commerce entre le Maroc et Tombut est très actif, et l'on estime à environ un million de rixdalers les importations du Maroc à Tombut, et de Tombut à Maroc elles s'élèvent à près de dix millions par an. Cependant il faut remarquer que toutes ces marchandises ne séjournent pas dans le même pays, mais s'en vont de Maroc à Alger et à Tunis.

XI.

L'Empereur appelle Mungo-Park en son harem. — Description. — Occupations, plaisirs, états des femmes qui y sont renfermées. — Comment elles trafiquent de leur crédit auprès de l'Empereur.

Le temps que je passais à Maroc était sans doute pour moi d'une certaine utilité, car j'apprenais sur ce peuple bizarre une foule de détails fort curieux, mais je n'étais pas cependant sans ressentir quelqu'inquiétude. Un moment je me crus libre ; c'était un mois après le départ de Muley-Absulem. Je reçus un jour de l'Empereur un ordre pressant pour me rendre au palais. J'étais heureux de cette faveur et je rêvais déjà à une audience d'adieu ! Je me hâte donc et, en arrivant au palais, je trouve un esclave chargé de me communiquer les ordres de son souverain. Une sultane était malade et l'Empereur s'était souvenu que je pouvais la guérir. Je ne peindrais pas mon désappointement. J'obéis donc en maugréant aux ordres de l'Empereur qui portaient que je devais à l'instant visiter la malade, la voir de nouveau dans la journée, lui administrer les remèdes nécessaires, et revenir au palais rendre compte de la situation de la favorite.

J'avoue que cette subite confiance me causa de l'étonnement et je soupçonnai à part moi quelque machination.

Néanmoins, n'ayant pas le temps de réfléchir longtemps, je suivis l'esclave jusqu'à la porte du harem, gardée par une escouade de dix soldats nègres. Je franchis la porte et arrivai à un corps de garde; un alcade et quinze eunuques avaient la charge de ce poste que personne ne pouvait franchir à moins d'être attaché au service des femmes. L'ordre de l'Empereur me fit ouvrir une seconde porte, et enfin je pénétrai dans une vaste cour où les femmes se livraient à diverses occupations. Les sultanes, assises sur des bancs de gazon, s'occupaient à de petits travaux d'aiguille, leurs esclaves préparaient la nourriture. A mon aspect, plusieurs furent effrayées, mais d'autres plus hardies, s'approchèrent et demandèrent à l'eunuque qui m'accompagnait quel homme j'étais, on leur répondit que j'étais médecin et que je venais soigner Alla-Zara, aussitôt toutes m'entourèrent en répétant joyeusement: *Seranio Tibid!* — Un docteur chrétien. Et chacune de me consulter et plus curieuse encore d'examiner ma figure; je dus leur tâter le pouls à toutes, tant elles désiraient que je leur dise quelque chose de leur santé.

Après bien des pourparlers, je pus m'échapper, et traversant deux cours j'arrivai à l'appartement d'Alla-Zara. Je trouvai cette belle sultane couchée à moitié sur une pile de carreaux couverts d'une fort jolie toile. Mon étonnement fut grand en apercevant la sultane non voilée, me souvenant que dans le harem de Muley-

Absulem je n'avais jamais pu voir qu'une langue, un cou et un poignet.

La pauvre Alla-Zara, très belle avant sa maladie, déclinait rapidement. Les autres femmes, jalouses de la faveur dont elle jouissait auprès de l'Empereur, l'avaient empoisonnée à petit feu au moyen d'arsenic mélangé à ses aliments. Je la trouvai très souffrante, et l'effet du poison avait été tel que sa beauté disparaissait presque complétement. Cette pauvre femme à peine âgée de trente ans me causa, par son état, une grande peine et je conçus de l'intérêt pour elle. Je lui promis de faire tout mon possible pour la guérir, et je maudissais l'Empereur qui l'avait laissée quelque temps sans aucuns soins. Enfin je lui prescrivis quelques remèdes et la quittai.

J'avais à peine fait dix pas hors de l'appartement d'Alla-Zara qu'une esclave d'Alla-Batoom, la première sultane, vint me prier d'entrer chez sa maîtresse. Un moment j'hésitai, en regardant l'eunuque qui me suivait, mais bientôt la curiosité l'emportant, je me laissai conduire. Un grand nombre de femmes étaient réunies dans l'appartement de la sultane ; à mon entrée, un passage se fit jusqu'à la favorite qui, après les compliments d'usage, me présenta son pouls à examiner, sa santé était parfaite. Elle sourit, et je compris que seule la curiosité l'avait engagée à m'envoyer chercher.

Alors vinrent les questions sur les modes de l'Europe ; puis on me demanda si j'étais marié, et bien d'autres choses encore. L'entretien plaisait à la sultane car elle fit apporter du thé pour prolonger l'entretien. Cependant au bout de quelques moments je partis.

J'allais quitter le harem, lorsque la première favorite, ayant su ma visite à Alla-Batoom, me dépêcha aussitôt une de ses femmes pour m'inviter à me rendre chez elle. Je n'étais pas fâché, je l'avoue, de faire plus ample connaissance avec le harem, et ce fut avec un sensible plaisir que j'acceptai.

La sultane favorite s'appelait Alla-Douyaw. En entrant je fus tellement frappé de sa beauté qu'elle dut s'apercevoir du trouble que sa vue me fit ressentir. Frappé de voir tant de charmes dans une africaine, elle m'apprit que, née à Gênes, un naufrage l'avait déposée sur les bords de l'Empire et avait ainsi décidé de son sort. Elle fut élevée au harem, et grâce à sa beauté parfaite et à son intelligence, elle fut mise au rang des sultanes. Elle pouvait avoir maintenant de vingt-deux à vingt-cinq ans.

Atteinte d'une humeur scorbutique qui menaçait ses dents, elle me supplia de la guérir au plus vite. Je lui promis que dans quinze jours elle serait rétablie entièrement ; elle fut transportée de joie.

J'avais commis un grand acte de témérité en venant visiter Alla-Douyaw, et certes si l'Empereur eut eu connaissance de ma démarche, il est certain que j'eusse passé un mauvais moment; mais on acheta le silence de l'eunuque, la sultane ordonna le silence à ses femmes, et il me fut permis de passer dans la suite bien des heures agréables auprès de la favorite. Elle aimait que je l'entretienne de l'Europe, des coutumes, des modes de nos pays, et son esprit, actif et prompt, retenait parfaitement tout ce que je lui disais.

Cependant le moment d'aller rendre compte de ma visite à l'Empereur, et de lui donner des détails sur la maladie d'Alla-Zara, approchait. Je sortis donc du harem et me dirigeai aussitôt vers le palais. L'Empereur me reçut dans une cour fermée; son accueil fut très affectueux, il me parla avec tendresse de sa sultane malade, me fit des questions nombreuses sur les remèdes que j'employais; enfin il me demanda combien de temps il me faudrait pour rétablir sa santé. Je répondis que je ne pouvais fixer le terme de la maladie, mais que je donnerais mes soins pendant quinze jours à la sultane et qu'après je sollicitais la faveur de retourner à Gibraltar. L'Empereur, content de voir mon empressement à soigner son ancienne favorite, me promit de me laisser partir et, dans un élan de générosité, alla jusqu'à me promettre en sus un beau cheval pour retourner dans mon pays. Son ministre reçut l'ordre de me compter dix rixdales et de m'ouvrir le harem toutes les fois que je voudrais y pénétrer.

Le harem de Sidi-Mahomet se composait de cent

soixante femmes, non compris les esclaves servant les sultanes. Généralement elles sont négresses ou esclaves européennes. Mais les femmes Maures n'ont point la moindre intelligence ; ainsi je fus consulté un jour par une qui ressentait des maux d'estomac. Je lui fis prendre une petite portion de poudre. Quoique nullement dangereuse, la première prise de ce remède lui causa tant d'inquiétude qu'elle en ressentit un peu d'agitation. Alors elle s'imagina d'en donner à sa petite sœur afin de mieux s'assurer que cette poudre ne pouvait nuire à la santé ; mais la quantité qu'elle lui fit prendre fut si considérable que la petite fille éprouva des maux d'estomac. La sœur aînée fut alarmée et ne voulut plus en reprendre. Cette aventure m'attira de sa part bien des injures, et elle alla même jusqu'à m'accuser d'avoir voulu la faire mourir. Dès ce jour je passai à ses yeux pour un parfait ignorant en médecine.

L'Empereur ne va que très rarement dans son harem ; un eunuque est chargé d'amener près du souverain celle que la faveur du moment a désignée. Il n'est pas de drogues, d'herbes, qu'elles n'avalent pour se faire valoir, et paraître belles: pour le pays, si l'on n'est pas grasse, l'on ne peut plaire, aussi voit-on des femmes faire un ample usage de graine d'ellhouba réduite en poudre ; ce moyen serait, dit-on, infaillible pour engraisser.

Les femmes du harem travaillent fort peu des

mains, mais elles se peignent, se fardent, se colorent les joues et dépensent un temps considérable à leur toilette. C'est là leur plus grande occupation, et elles ne connaissent pas de plus grand plaisir que de babiller entre elles.

L'Empereur accorde à chacune d'elle une petite pension qui le plus souvent serait impuissante à les faire vivre, mais de temps à autre elles obtiennent de la faveur de leur souverain quelques présents, des bijoux, des gratifications.

Cependant elles seraient fort mal à leur aise sans les cadeaux qu'elles reçoivent des Maures et des Européens qui désirent les faire s'intéresser à leurs affaires. Ces petits bénéfices constituent pour elles un véritable commerce, elles marchandent quelquefois.

J'ai connu un Juif qui, ne pouvant obtenir ce qu'il désirait de l'Empereur pour une affaire importante, prit le parti d'envoyer de splendides perles aux sultanes, en les suppliant de parler en sa faveur. C'en fut assez, et la haute protection dont elles l'entourèrent lui fit accorder ce qu'il sollicitait inutilement depuis longtemps.

Les femmes du harem ont à leur charge leurs domestiques qu'elles doivent rétribuer.

Enfin, pour terminer, disons que les femmes de l'Empereur ne sortent presque jamais, et encore sont-elles toujours voilées et surveillées.

XII.

Mungo-Park emploie la ruse pour obtenir de retourner en Europe. — Départ pour Tanger. — Arrivée à Gibraltar.

Tous les jours je me rendais au harem afin d'administrer les remèdes à la sultane Alla-Zara. Je n'étais pas retourné au palais, mais l'Empereur n'avait pas attendu ma visite pour s'informer de l'état de son ancienne favorite. Dès qu'il apprit qu'une seule semaine de mes soins avait apporté une notable amélioration à l'état de la malade, il crut de son devoir de me récompenser avec munificence ; par les mains de la sultane, il me fit parvenir un doublon dans un mouchoir de soie. De magnifiques récompenses m'étaient assurées si la malade recouvrait la santé.

A vrai dire, j'avais été déjà si souvent trompé par des promesses semblables que je m'en souciai peu ; une seule chose m'occupait, retourner à Gibraltar. Mon absence s'était beaucoup prolongée, je craignais le mécontentement de mes supérieurs. D'un autre côté, connaissant l'inconstance, le caprice et l'ignorance des femmes du Maroc, j'appréhendais qu'un moment vint où Alla-Zara se fatiguât de mes remèdes et n'en voulut plus faire usage. Et puis, quand bien même je parviendrais à la guérir, ne pouvait-elle pas de nouveau être empoisonnée.

J'imaginai donc une ruse auprès de ma malade, espérant bien me servir d'elle pour déterminer l'Empereur à me laisser partir. Je l'avertis donc un jour qu'il ne me restait plus assez de poudre pour la soigner, et que dans son propre intérêt elle ferait bien d'engager l'Empereur à me laisser partir pour Gibraltar, où je ferais provision des remèdes nécessaires. A cette proposition, la sultane reprit vivement que mon départ n'était en aucune sorte nécessaire : l'Empereur ferait écrire au Consul, à Tanger, qui me ferait parvenir en peu de temps les remèdes que je demanderais.

Cette réponse ne laissa pas que de m'embarrasser, mais résolu à pousser l'épreuve jusqu'au bout, je jouai l'empirique, assurant la sultane que seul je connaissais cette poudre, seul je pouvais la composer, et que seulement en Europe je trouverais les plantes nécessaires à sa fabrication.

Cette ruse grossière réussit à merveille. Alla-Zara, convaincue de la vérité de mes paroles, pria les femmes du harem qui avaient le plus de crédit sur l'Empereur de se joindre à elle pour obtenir mon départ. Le roi parut ajouter foi aux récits que lui fit sa sultane, et assura qu'il allait donner des ordres pour mon départ.

Sans doute pour me dédommager des promesses magnifiques qu'il m'avait faites, mais qu'il se gardait bien d'accomplir, l'Empereur me fit présent de deux mauvais chevaux enlevés le matin à un pauvre homme accusé d'une faute légère et que l'on avait traîné en prison. Faute de mieux, j'acceptai; mais au moment de sortir du palais je fus escorté par quatre individus qui me demandèrent chacun une rixdale comme un droit acquis par eux sur toute ma personne, ayant reçu un présent de l'Empereur. Je dus m'exécuter. Enfin j'arrivai chez moi, mais à peine sur le seuil, deux écuyers de sa majesté m'attendaient encore afin de me rançonner de nouveau. Je donnai quatre autres rixdales : vraiment ce présent de l'Empereur me coûtait bien cher.

Depuis plusieurs jours j'attendais la nouvelle officielle de mon départ. L'Empereur ne songeait déjà plus à sa promesse. J'essayai d'obtenir une audience de l'Empereur, mais, quoique je l'eusse obtenue, il ne me fut pas possible d'approcher assez près de l'Empereur pour m'en faire remarquer. Je me retirai découragé. Je n'allai plus au harem que juste le temps nécessaire pour soigner ma malade.

J'étais ainsi durant des jours, triste, ne prenant goût à rien, lorsqu'un esclave vint m'apporter un paquet de lettres d'expéditions qui devaient me servir de passeport pour me rendre à Tanger, et de là à Gibraltar. Je ressentis en ce moment un plaisir indéfinissable.

Il me tardait de quitter ce pays devenu odieux pour moi par les contradictions nombreuses que j'y avais éprouvées. Le reste du jour fut pris par mes préparatifs de départ, et le lendemain je me rendis au harem annoncer la bonne nouvelle à ma malade et aux autres femmes, mais je concentrai un peu ma joie, car si elles eussent pu connaître les sentiments qui agitaient mon cœur, elles se seraient données autant de mouvement pour m'empêcher de partir qu'elles s'en étaient donné pour m'obtenir mon départ.

Quand la nouvelle fut connue dans le harem, chacune de me donner ses commissions pour l'Europe.

Alla-Batoom me demanda un assortiment de tasses à thé, aussi petites que possible.

Alla-Douyaw, la sultane favorite, désira une jolie table en acajou pour prendre le thé, le pied devait en être court, ensuite beaucoup de petites tasses en porcelaine des Indes, et une grande provision d'odeur et d'eau de senteur.

Ma malade, Alla-Zara, me chargea de lui acheter dix aunes de damas jaune, autant de cramoisi ; des tasses de porcelaine des Indes, du thé, du café, du sucre et de la muscade : elle joignait l'utile à l'agréable.

Je n'en finirais pas si je voulais énumérer toutes les commissions qui me furent données. Jusqu'à la fille de Muley-Assulem, une enfant, qui me recommanda bien de ne pas l'oublier pour une commode et un flacon d'eau de lavande.

Je rapporte ces commandes pour donner une idée

5.

des goûts de ce pays et montrer aussi un peu le caractère de chacune des trois courtisanes en faveur.

Je pris congé des femmes du harem, et m'étant pourvu d'un nouvel interprète, ancien américain mulâtre, maintenant devenu Maure par les habitudes et la religion, je quittai Maroc le 12 février 1790.

Le voyage fatigant m'obligea à m'arrêter à Salé, chez le consul de France qui me donna une hospitalité cordiale. Le lendemain je repartais pour Tanger et, cinq jours après, j'arrivais dans ce port. Là je vendis mes chevaux, présents grotesques de la générosité de Sidi-Mahomet.

Cependant à peine étais-je arrivé à Tanger que le commandant de la ville reçut une lettre du ministre lui enjoignant d'acheter pour moi, aux frais du trésor, deux bœufs, dix chèvres, cent volailles, des fruits et des légumes. C'était la récompense de mes soins à Alla-Zara. De plus, l'Empereur me faisait dire de ne pas manquer de revenir, et il poussa même la générosité jusqu'à ne me faire payer aucun droit lorsque j'embarquai ma pacotille. C'était vraiment là un acte de générosité dont je ne l'aurais jamais cru capable.

Cependant les vents contraires me retinrent durant dix jours à Tanger. Enfin je pus partir, et le 27 mars 1790, je débarquais à Gibraltar. Les communications diplomatiques étaient interrompues entre l'Angleterre et le Maroc, les présents que j'avais reçus de l'Empereur furent confisqués. Mais que m'importait ; j'étais libre et sur le sol de ma patrie !

Quant aux avantages que j'ai retiré de ce voyage : au point de vue pécuniaire, les présents de l'Empereur ne furent point assez généreux pour m'indemniser de mes frais ; ce n'est donc qu'au point de vue de l'observation que j'ai retiré quelque profit, par l'étude des mœurs et des usages d'un pays que l'on est loin de connaître encore à fond.

DEUXIÈME VOYAGE

(1795 à 1797)

I.

Objet du voyage de Mungo-Park. — Son séjour à Gillifrie et à Vintain. — Les Feloups. — Séjour chez le docteur Laidley. — Maladie. — Préparatifs pour pénétrer plus avant dans l'Afrique.

Lorsque je revins des Indes, en 1793, j'appris que la Société des Études africaines de Londres cherchait un voyageur assez aventureux pour reprendre la mission où M. Hougthon, major du fort de Gorée, avait péri, et pénétrer en Afrique par la rivière de Gambie.

Je m'offris et fus accepté.

Je devais partir avec le consul de Sénégambie, M. James Willis, mais il fut destitué de son poste avant de l'avoir occupé.

La Société des Découvertes me recommanda au docteur Jonn Laidley, qui résidait dans un des comptoirs anglais de la rivière de Gambie.

Mes instructions m'enjoignaient d'éluder les rives du Niger et leurs habitants.

Je m'embarquai sur le navire l'*Entreprise*, et vingt jours après avoir quitté Portsmouth nous aperçûmes les montagnes qui s'étagent en amphithéâtres derrière Mogador, et le 21 juin nous jetions l'ancre à Gillifrie, en face de l'île Saint-Jacques.

Gillifrie appartient au royaume de Barra et doit sa prospérité à la récolte du sel qu'il échange à Barracanda contre du maïs et du coton. Ce commerce nécessite un grand nombre d'hommes et de barques, ce qui constitue au roi de Barra une petite armée et une flottille. Aussi le monarque nègre fait-il payer un droit de vingt livres sterling à tout vaisseau qui entre dans sa rivière, les indigènes sont bruyants, et les plus têtus et les moins gênés du monde. Voient-ils un foulard sortir de votre poche, une boucle brillante à votre chapeau, ils ne cessent de vous les demander que lorsque vous les leur avez donnés. On ne peut imaginer de solliciteurs plus obstinés et plus fâcheux.

A deux milles de Gillifrie se trouve Vintain où se fait un grand commerce de cire. Les Feloups, sur le territoire desquels elle est placée, sont absolument sauvages, et ils se servent des mandingues mahométans, presque civilisés, pour conclure leurs marchés.

La rivière de Gambie est fort pittoresque. Le long de ses bords croissent d'épais mangliers, et dans ses eaux, les requins, les crocodiles et les hippopotames se rencontrent souvent. Ces derniers ne s'éloignent jamais de la rivière et y replongent au moindre bruit.

A peine étais-je arrivé à Pisania que je me présentai au docteur Laidley qui m'offrit fort gracieusement une hospitalité que j'acceptai avec d'autant plus de plaisir qu'elle me permit d'apprendre, avec son aide, la langue mandingue, la plus répandue sur ces côtes.

Pour me renseigner sur les pays que j'avais à parcourir, j'interrogeai des *Slatès*, nègres libres qui font le commerce des esclaves. Je ne pus tirer d'eux qu'une chose sur laquelle ils s'accordèrent tous, c'est que mon voyage était des plus dangereux à entreprendre.

Le 13 juillet, en voulant observer une éclipse de lune pour déterminer la longitude de Pisania, je pris le serein et je passai un grand mois au lit avec une forte fièvre. Le jour, la chaleur me suffoquait, et la nuit les cris aigus des chacals et les hurlements des hyènes m'ôtaient le sommeil. Grâce aux soins du docteur Laidley je parvins à me remettre.

Le pays est entièrement plat et très boisé. L'aspect en est monotone, mais la fertilité du sol est extrême. Le maïs et le riz y poussent en abondance, et dans les jardins des habitants croissent des patates, des ignames et des pastèques.

Les nègres se nourrissent principalement d'une espèce de poudding qu'ils appelent kouskous. Pour le préparer, ils humectent d'abord la farine; puis ils la battent dans une calebasse jusqu'à ce qu'elle devienne grenue comme du sagou. Ils la mettent ensuite dans un pot dont le fond est persillé; on latte ce pot avec un autre au moyen de colle de farine ou même de bouze de vache, et le tout, mis au feu, donne un mets très recherché dans toute la Negritie.

Les pintades et les perdrix rouges abondent dans ces parages. On y rencontre aussi beaucoup d'éléphants. Quand je disais aux nègres que les indous savaient les apprivoiser et en faire des animaux domestiques, cela leur semblait si extraordinaire qu'ils croyaient que je me moquais d'eux et me répondaient : « Mensonges d'hommes blancs que cela. »

Le 6 octobre, les eaux de la Gambie dépassèrent de quinze pieds la crue des plus grandes marées et ne reprirent leur niveau qu'au commencement de novembre.

En effet, au commencement de novembre, la rivière était revenue à son niveau ordinaire, et le flux et le reflux avaient lieu comme d'habitude. Quand la rivière fut rentrée dans ses limites et que l'atmosphère devint sèche, je me rétablis vite et commençai à penser au départ, car cette saison est considérée comme la plus favorable pour voyager. Les naturels avaient terminé leurs moissons, et les provisions étaient partout à bon marché et abondantes. Le docteur Laidley était alors en voyage pour des intérêts de commerce à Jonkakonda. Je lui écrivis pour le prier d'employer tout son crédit avec les *Slatès*, ou marchands d'esclaves, de me procurer la compagnie et la protection de la première *coffle* (caravane) qui viendrait à quitter la Gambie pour l'intérieur. En même temps je le priai d'acheter pour moi deux ânes et un cheval. Peu de jours après, le docteur revint à Pisania et m'apprit qu'une coffle partirait certainement pour l'intérieur dans le cours de la saison des sécheresses, mais que, comme plusieurs des marchands n'avaient pas complété leurs pacotilles, il ne pouvait dire à quelle époque elle se mettrait en route.

Comme le caractère et les dispositions des *Slatès* et des gens composant la caravane m'étaient entièrement inconnus, comme ils me semblaient plutôt opposés à mon projet, et n'ayant pris aucun arrangement positif sur ce point, comme d'ailleurs l'époque de leur départ était, en définitive, très incertaine, je me décidai, après réflexion, à profiter des sécheresses et à partir sans la caravane.

Le docteur Laidley approuva ma résolution et me promit tout l'aide qui serait en son pouvoir pour me mettre à même de poursuivre ma route commodément et en sûreté.

Je fis donc mes préparatifs, mais avant de quitter pour plusieurs mois les contrées qui bordent la Gambie, il me semble à propos, avant de continuer ma narration, de donner quelques détails sur les diverses nations nègres qui habitent les rives de cette célèbre rivière.

II.

Description des Feloups, des Yolafs, des Foulahs et des Mandingues.

Les indigènes de la côte de Gambie se divisent en quatre nations principales : les Feloups, les Yolafs, les Foulahs et les Mandingues. Le mahométanisme règne à peu près partout, mais chaque race a conservé les légendes et les superstitions de terreur, ce qui les fait traiter d'infidèles par les vrais croyants.

Les Feloups sont taciturnes et rancuniers. Non-seulement ils ne pardonnent point une injure, mais ils lèguent leurs haines à leurs enfants. Ils s'enivrent avec une sorte d'hydromel, et leur ivresse est une source de querelles et de meurtres. Si un nègre est tué ainsi, son fils aîné, tous les ans, chausse ses sandales le jour anniversaire de sa mort, jusqu'à ce qu'il l'ait vengé. Malgré cette férocité, les Feloups sont reconnaissants du bien qu'on leur fait et gardent fidèlement les dépôts qui leur sont confiés.

Les Yolafs qui habitent entre les Sénégaliens et les Mandingues passent pour être les plus beaux nègres de la côte. Ils n'ont pas le nez si épaté et les lèvres si grosses que leurs voisins et ont une grande réputation de courage guerrier.

Les Mandingues, sortis du pays de Manding, qui est au centre de l'Afrique, n'ont formé dans le voisinage de la Gambie que des états monarchiques, tandis que le gouvernement de la mère patrie est républicain. Le premier magistrat de la ville est l'*alkaïd*, d'où le mot espagnol alcade est venu.

Leur tribunal est composé de vieillards et se nomme *palaver*; il ressemble beaucoup aux nôtres. Les avocats nègres sont fort subtils, à en juger par le procès suivant qui eut lieu à Pisania pendant mon séjour.

L'âne d'un nègre était entré dans le champ d'un Mandingue et s'y était repu. Le Mandingue survint et tua l'âne. Aussitôt le nègre d'assigner le Mandingue et de lui demander d'énormes dommages pour la perte de son baudet. A quoi le Mandingue répliquait que le dommage commis dans son champ égalait au moins le prix de l'animal. Après trois plaidoieries pour et contre, on se sépara sans conclure, et il fallut, je crois, convoquer un autre palaver.

La race Mandingue est douce et sociable. Les hommes portent des caleçons à mi-jambes et une espèce de surplis.

Les femmes enroulent une pièce de toile autour de leurs reins et portent, sur le sein, un foulard négligemment attaché. Leur coiffure, qui s'appelle *jalla*, consiste en une pièce d'étoffe roulée en turban et agrémentée de verroteries. Tous les Mandingues de condition libre ont plusieurs femmes, mais en maris, sages et prévoyants, ils leur donnent à chacune une chaumière séparée pour éviter les jalousies et les querelles domestiques.

Quant aux Foulahs, je ne sais que très peu de choses sur eux, si ce n'est que c'est un peuple berger et laboureur, et que la plupart d'entre eux se louent comme tels chez les nations voisines.

Cette description de leurs habits est applicable à presque tous les naturels des diverses contrées de cette partie de l'Afrique ; on n'observe de mode national que dans la coiffure des femmes. Ainsi, dans le pays de la Gambie, les femmes portent une sorte de bandeau qu'elles nomment *jalla*; c'est une étroite bande de coton qui fait plusieurs tours immédiatement au-dessus du front. À Bondou, la tête est ceinte d'un rang de grains blancs, et au milieu du front est attaché une petite plaque d'or. Dans le Katton, les femmes parent, avec beaucoup de goût et d'élégance, leurs têtes de coquillages blancs. Dans le Kaarta et le Ludaniar, les femmes élèvent leur chevelure à une grande hauteur, au moyen d'un bourrelet qu'elles décorent avec une espèce de corail que les pèlerins qui reviennent de la Mecque leur rapportent de la mer Rouge et vendent à un haut prix.

Pour la construction de leurs maisons d'habitation, les Mandingues se conforment aussi à la méthode de toutes les nations africaines dans cette partie du continent. Ils se contentent de cabanes, petites et incommodes.

Un mur circulaire de terre d'environ quatre pieds de hauteur et surmonté d'un toit unique, composé de cannes de bambou et couvert d'herbe, est aussi bien le palais du roi que la cabane de l'esclave. Leur mobilier est également simple : une claie de cannes, placée sur des pieds droits, à environ deux pieds de terre, et sur laquelle on tend un matelas ou une peau de taureau, fait l'office du lit. Une cruche à eau, quelques vases de terre pour la préparation des aliments, et un ou deux tabourets bas composent le reste de l'ameublement.

Comme tout homme d'une condition libre a plusieurs femmes, il a été jugé nécessaire, pour prévenir, je le pense, les discussions matrimoniales, d'obliger chaque femme à avoir une cabane à elle. Toutes les cabanes appartenant à la même famille sont entourées d'une palissade faite de cannes de bambou fendues et disposées en treilles. Tout l'enclos s'appelle *sirk* ou *surk*. Un certain nombre de ces enclos, séparés par d'étroits passages, forment une ville, mais les cabanes sont généralement placées sans aucune régularité et au gré du propriétaire. On ne paraît avoir égard qu'à une seule règle qui est naturelle, c'est de placer la porte au sud-ouest afin d'avoir la brise de mer.

Dans chaque ville est un grand espace appelé le *bentang*, qui répond en quelque sorte à nos maisons communes. Il est fermé par un enclos de cannes, et, en général, abrité du soleil par l'ombre de quelques grands arbres. C'est là que se font toutes les affaires publiques et que les procès se poursuivent ; là, les indolents et les oisifs se réunissent pour former et savoir les nouvelles du jour. Dans la plupart des villes, les Mahométans ont aussi une *missura* ou mosquée où ils se rassemblent, font leurs prières chaque jour, conformément aux préceptes du Koran..

Dans tous les détails que je viens de donner sur les habitants, il faut bien considérer que mes observations s'appliquent principalement aux personnes de condition libre, qui, je le suppose, ne font pas plus d'un quart de la population. Les trois autres quarts sont dans un état désespéré de servitude héréditaire, et sont occupés aux offices servils de toute espèce, presque comme les esclaves dans les Indes-Orientales. On m'a dit toutefois qu'un maître mandingue ne peut ôter la vie à son esclave ni le vendre à un étranger sans avoir provoqué un palaver sur sa conduite, ou en d'autres termes, un procès public ; mais ce degré de protection ne s'étend qu'aux esclaves natifs du pays ou domestiques. Les captifs faits en guerre et les malheureuses victimes condamnés à l'esclavage pour crimes ou insolvabilité, en un mot, tous ces infortunés que l'on amène de l'intérieur pour les vendre n'ont nulle sûreté, ni garantie, mais, au contraire, sont à l'entière disposition de leur propriétaire. Il arrive quelquefois, en effet, quand il n'y a pas de négriers à la côte, qu'un maître humain mette au nombre de ses domestiques les esclaves qu'il a achetés, et alors leur postérité, sinon eux, a droit à tous les priviléges des natifs.

Les remarques qui précèdent concernant les diverses nations qui habitent les rives de la Gambie sont, je le pense, suffisants ici et aux premiers pas que je fais dans mon voyage. Je terminerai le chapitre par l'historique du commerce que les nations de la chrétienté ont réussi à établir avec les naturels, par le canal de la Gambie et du trafic intérieur qui en résulte, entre les nations de la côte et les pays situés dans les terres.

Le plus ancien établissement sur cette célèbre rivière était un comptoir portugais, et c'est à cette circonstance qu'il faut attribuer l'introduction de beaucoup de mots de portugais en usage encore parmi les nègres, comme *palaver-palabra*. Les Hollandais, les Français et les Anglais possédèrent aussi successivement quelques établissements sur la côte, mais le commerce de la Gambie devint une sorte de monopole entre les mains des Anglais, et cet état de chose dura plusieurs années ; mais le commerce avec l'Europe fut, plus tard, rendu commun avec toutes les nations. Les esclaves forment le principal objet de commerce, mais le nombre total des nègres exportés de la Gambie par les diverses nations ne monte pas, dit-on, actuellement à un millier.

La plupart de ces victimes sont amenés à la côte en caravanes périodiques ; beaucoup viennent de contrées très reculées de l'intérieur. Dans une autre partie de mon ouvrage, je ferai connaître ce que j'ai pu apprendre sur la manière dont on se les procure. A leur arrivée à la côte, s'il ne se présente pas immédiatement une occasion d'en traiter avantageusement, ils sont répartis entre les villages environnants jusqu'à l'arrivée d'un vaisseau négrier, ou bien encore jusqu'à ce qu'ils soient achetés par des négociants noirs qui font quelquefois cette spéculation ; en attendant, les pauvres misérables sont tenus constamment aux fers, enchaînés deux à deux, employés aux travaux des champs, et, chose cruelle à dire, aussi mal nourris que durement traités.

Le prix d'un esclave varie en proportion du nombre d'acheteurs européens et des caravanes venues de l'intérieur ; mais, en général, j'estime qu'un jeune homme robuste, de seize à vingt-cinq ans, peut valoir de 18 à 20 livres sterling (450 à 500 francs).

Les marchands d'esclaves, comme je l'ai dit, s'appellent *Slatès*. Outre les esclaves et les marchandises qu'ils apportent pour être vendus aux blancs, ils fournissent aux habitants des districts maritimes, du fer natif, des gommes parfumées et de l'encens, ainsi qu'une denrée nommée *Schea toulou* qui, littéralement, signifie *beurre d'arbre*. Cet aliment est extrait, au moyen de l'eau bouillante, de l'amande d'une noix ; il a la consistance et l'aspect du beurre et en vérité y supplée à merveille. C'est un objet important dans la nourriture des naturels, et il sert aussi à tous les usages domestiques auxquels on emploierait l'huile. La consommation en est donc fort grande.

En paiement de ces objets, les États maritimes fournissent les contrées de l'intérieur de sel, denrée rare et précieuse, comme je l'ai souvent éprouvé dans le cours de mon voyage. Il en est aussi fourni de grandes quantités aux pays dans les terres, par les Maures, qui la tirent de salins dans le grand désert, et prennent, en retour, du blé, du coton fabriqué et des esclaves.

Dans ces échanges, il dut tout d'abord se présenter beaucoup d'inconvénients du défaut de monnaie ou de quelque moyen sensible et déterminé pour établir la balance entre la valeur des divers articles. Pour y remédier, les naturels de l'intérieur font usage de coquillages appelés *Kowries*, dont je parlerai plus loin. Sur la côte, les habitants ont adopté une coutume qui, je le crois, leur est particulière.

Dans leur premier rapport avec les Européens, l'article qui fixa le plus leur attention fut le fer. Son utilité pour faire des instruments de guerre et d'agriculture le rendait préférable à tous, et le fer devint bientôt la mesure d'après laquelle fut établie la valeur des autres marchandises. Ainsi une certaine quantité de denrées quelconques leur paraissant égales en valeur à une barre de fer, constitua, dans la langue du négociant, une barre de cette marchandise particulière. Vingt feuilles de tabac, par exemple, furent considérées comme un *bar* de tabac, et un gallon d'esprit de vin, ou plutôt d'esprit et d'eau mélangés par moitié, fut dénommé *bar* de rum ; un bar d'une denrée était regardé comme égal en valeur à un bar d'une autre marchandise. Comme toutefois il doit infailliblement arriver que, selon la rareté ou l'abondance des marchandises sur le marché en proportion des demandes, la valeur relative soit sujette à une fluctuation, on a reconnu nécessaire une plus grande précision. Actuellement, la valeur d'un bar de quelques marchandises que ce soit est fixée par les blancs à deux schellings sterling ; ainsi un esclave dont le prix est de 150 livres est, en d'autres termes, évalué à cent cinquante bars.

Dans de pareilles transactions, il est évident que le marchand blanc a infiniment d'avantage sur l'Africain, qui, par cette raison même, est difficile à satisfaire ; car bien convaincu de sa propre ignorance, il devient soupçonneux et méticuleux à l'excès. En effet, les nègres sont si incertains et si jaloux dans leurs transactions avec les blancs, que jamais un européen ne regarde un marché comme conclu que lorsque le prix est payé et que les parties se sont séparées.

Ayant ainsi mis en avant ces observations générales sur le pays et les habitants, telles qu'elles se présentèrent à moi pendant ma résidence dans le voisinage de la Gambie, je vais procéder au récit régulier des incidents qui survinrent et des réflexions qui en résultèrent, depuis le cours de mon pénible et périlleux voyage, depuis son commencement jusqu'à mon retour sur la Gambie.

III.

Départ de Pisania.—Arrivée à Gindey.—Histoire racontée par un Mandingue. — Entrevue à Medina avec le roi de Woulli.— Les charmes. — Ce que c'est que le Mumbo-Jombo. — Halte à Koudjar. — Le désert.— Arrivée à Tallika.

Le 2 décembre, en quittant le docteur Laidley, je pris avec moi un indigène nommé Johnson qui parlait couramment l'anglais et le mandingue et pouvait, par conséquent, m'être d'une très grande utilité comme interprète. Le docteur Laidley me donna le négrillon Demba et, pour l'engager à me bien servir, il lui promit la liberté si j'étais content de lui.

Je partis monté sur un petit cheval, ayant des vivres pour deux jours et une pacotille de verre et d'ambre qui me permit par échange de renouveler mes provisions. Chemin faisant je rencontrai le nègre Madibou qui allait à Bambarra, deux marchands d'esclaves et un mahométan qui se joignirent à nous. A tous les six, nous formions déjà une petite caravane.

En arrivant à la crique Woullinous nous reposâmes chez une négresse qu'on appelait signora et qui était entourée d'une grande considération, j'en demandai le motif et l'on me répondit que c'était parce qu'elle avait été la maîtresse d'un marchand blanc. Le soir, nous arrivions chez Jemaffou-Mamadou, l'un des plus riches marchands d'esclaves de la côte. Il fut si flatté de notre visite qu'il me fit don d'un superbe taureau dont nous mangeâmes le soir même à notre souper. Mais en attendant l'heure du repas qui, chez les nègres, est toujours sur le tard, un Mandingue raconta l'histoire suivante qui, tout en rappelant les contes arabes, est d'une note plus gaie.

« Il y a quelque temps de cela, un lion dévastait la ville de Doumasansa. Les nègres se mirent à sa poursuite et le découvrirent blotti dans un bouquet d'arbres. Ils firent feu sur lui et le blessèrent grièvement. Cependant le fauve poussait des rugissements tellement effroyables que les chasseurs n'osèrent s'approcher de lui pour l'achever, et résolurent de le prendre vivant. Ils ôtèrent un des toits de chaume de leurs huttes et marchèrent vers le lion pour l'enfermer dans le cône de paille, mais ils prirent mal leur temps et se trouvèrent pris eux aussi dans cette sorte de cage où le lion les dévora tout à son aise. Aussi, si vous allez à Doumasansa, ne proposez à personne de prendre un lion en vie, on se fâcherait et l'on pourrait vous faire un mauvais parti. »

Le 3 décembre, je vis devant moi une forêt immense et tellement sauvage que nul être civilisé n'avait dû la traverser. Je me sentis le cœur serré en songeant que je ne reverrais peut-être plus de chrétiens. J'étais plongé dans ces tristes pensées, quand une troupe de nègres survint et me somma de leur payer le droit de passage sur leur territoire, et comme je refusais, alléguant que je ne faisais nul trafic, ils voulurent m'emmener m'en expliquer avec leur roi. Je leur donnai trois barres de tabac pour me défaire d'eux ; c'était d'ailleurs le plus sage parti à prendre.

Le lendemain, à midi, nous arrivions dans le royaume de Woulli, pays tout parsemé de monticules boisés. Les habitants, quoique tous mandingues, se divisent en mahométans ou buschréens, et en païens ou kafirs. Ce sont ces derniers, de beaucoup les plus nombreux, qui gouvernent le pays. On lève des contributions sur les voyageurs et au besoin sur le peuple.

Medina, la capitale du royaume dans laquelle je venais d'arriver, est un lieu d'une étendue considérable, et peut compter de huit cent à mille maisons. Elle est fortifiée à la manière africaine, c'est-à-dire entourée d'un haut mur construit de terre, et d'une palissade extérieure de piquets aigus et de buissons épineux ; mais les murs sont négligés, et l'enclos extérieur a beaucoup souffert de la part des actives ménagères qui arrachent les piquets pour en faire du feu. J'obtins un logement chez un des parents du roi qui m'apprit que la première fois que j'aborderais le roi, je ne devais pas *prendre la liberté de lui donner une poignée de main.* Il n'était pas d'usage, me dit-il, d'accorder cette liberté aux étrangers. Ainsi informé, j'allai dans l'après-midi présenter mes respects au souverain, et lui demander la permission d'aller à Bondou en traversant son territoire. Le nom du roi était *Djatta*. C'était ce même vieillard vénérable dont un compte si favorable a été rendu par le major Houghton. Je le trouvai assis sur une natte, devant la porte de sa cabane. Nombre d'hommes et de femmes étaient rangés de chaque côté, chantant et battant des mains ; je le saluai respectueusement, et lui fis connaître le but de ma visite. Le roi répliqua gracieusement que non-seulement il me permettait de traverser son pays, mais qu'il ferait des prières pour mon succès ; alors un des gens de ma suite, apparemment pour répondre à la bienveillance du roi, commença à chanter, ou plutôt à rugir une chanson arabe ; à chaque pose de cette chanson le roi, ainsi que tous les gens présents, frappaient leur front de leurs mains, et s'écriaient, avec une touchante et dévote solennité : *Amin ! amin !* Le roi me dit de plus que j'aurais le jour suivant un guide qui me conduirait en sûreté jusque la frontière de son royaume. Je pris alors congé de lui, et le soir j'envoyai au roi un ordre sur le docteur Laidley pour trois gallons de rhum, en échange duquel je reçus beaucoup de provisions.

Le 6 décembre, de bonne heure dans la matinée, j'allai trouver le roi une seconde fois pour savoir si le guide était prêt. Je trouvai Sa Majesté assise sur une peau de taureau et se chauffant à un grand feu ; car les Africains sont sensibles aux plus petites variations de la température, et se plaignent souvent du froid quand un Européen étouffe de chaleur. Il me reçut d'un air affable et me conjura affectueusement de renoncer au projet de voyager dans l'intérieur, en me disant que le major Houghton avait été tué en route, et que si je marchais sur ses traces, je m'exposais sans doute au même sort. Il me dit que je ne devais pas juger des habitants des contrées de l'est par ceux du Woulli ; que ceux-ci connaissaient les blancs et les respectaient, tandis que les naturels de l'est n'avaient jamais vu un homme de ma couleur, et qu'à coup sûr ils m'assassineraient. Je remerciai le roi de sa sollicitude ; mais je lui dis que j'avais bien tout examiné, et que j'étais résolu, nonobstant tous les périls, à aller en avant. Le roi secoua la tête, mais n'insista pas ; il me répondit que le guide serait prêt dans l'après-midi.

A deux heures environ, le guide étant venu, j'allai faire mon dernier adieu au bon vieux roi ; et en trois heures je parvins à un petit village nommé *Konjour*, où nous nous décidâmes à passer la nuit. Là, j'achetai un beau mouton pour quelques grains de rassade, et mes serviteurs serawoullis le tuèrent avec toutes les cérémonies prescrites par leur religion. On en accommoda une partie pour notre souper, après lequel une dispute s'éleva entre un des noirs serawoullis et Johnson, mon interprète, à cause des cornes du bélier. Le premier réclamait les cornes comme son droit, pour avoir fait les fonctions de boucher ; Johnson contestait la prétention. Je mis fin au différent en donnant une corne à chacun d'eux. Je rapporte cet incident insignifiant pour introduire à ce qui suit, car je découvris, en m'informant, que ces cornes étaient extrêmement estimées, parce qu'on pouvait aisément les convertir en fourreaux ou gaînes pour tenir en sûreté certains charmes ou amulettes que l'on nomme *saphis*, et que les nègres portent constamment sur eux. Les saphis sont des prières ou plutôt des phrases extraites du Koran que les prêtres mahométans écrivent sur des morceaux de papier et vendent aux naturels, qui leur attribuent des vertus extraordinaires. Quelques nègres les portent pour se garantir contre la morsure des serpents et des alligators; dans ce cas, le saphis est ordinairement renfermé dans de la peau d'alligator ou de serpent, et attaché à la cheville du pied; d'autres ont recours à ces amulettes en temps de guerre, pour n'être pas atteint par les armes de l'ennemi; mais l'effet ordinaire de ce saphis, c'est de prévenir et de guérir les maladies du corps, de préserver de la faim et de la soif, et en général de concilier la faveur des puissances supérieures dans toutes les circonstances de la vie.

A cette occasion, il est impossible de ne pas s'émerveiller de l'étonnante contagion des idées superstitieuses ; car, bien que la majorité des nègres soient idolâtres et repoussent absolument la doctrine de

Mahomet, je n'ai jamais rencontré un homme, soit Boucherinn, soit Cafir, qui ne fût entièrement convaincu de l'efficacité de ces amulettes. La vérité est que tous les nègres de cette partie de l'Afrique regardent l'écriture comme frisant la magie, et ce n'est point dans les préceptes du prophète, mais bien dans l'art des magiciens qu'ils mettent leur confiance. On verra plus tard que moi-même je fus assez heureux, dans des circonstances critiques, pour faire tourner à mon profit cette crédulité populaire.

Le 7, je partis de Konjour, et je passai la nuit à un village nommé *Malla* ou *Mallaing*, et le 8, à midi environ, j'arrivai à Kolor, ville considérable, près de l'entrée de laquelle je vis, suspendu à un arbre, une espèce d'habillement de mascarade fait d'écorce, que j'appris plus tard appartenir à Mumbo-Jumbo. C'est un étrange épouvantail commun à toutes les nations mandingues, et très employé par les idolâtres pour tenir leurs femmes dans la soumission. Chaque Cafir n'étant point gêné, quant au nombre de ses femmes, chacun en épouse autant qu'il peut en entretenir, et comme il arrive fréquemment que les dames ne sont pas d'accord, des querelles de famille s'élèvent, et quelquefois à un tel point que l'autorité du mari ne peut maintenir la paix dans son ménage, et c'est dans de tels cas que l'intervention de Mumbo-Jumbo est réclamée, et elle est toujours décisive.

Cet étrange ministre de la justice, que l'on suppose

être le mari lui-même, ou quelqu'un instruit par lui, portant le déguisement dont il vient d'être parlé, et armé de la verge d'autorité publique, annonce son approche, quand on l'a appelé, par des cris éclatants et effroyables dans les bois qui sont près de la ville. Il commence cette pantomine à l'approche de la nuit, et, quand il fait tout à fait noir, il entre dans la ville, et se rend au bentang, où tous les habitants s'assemblent aussitôt.

On peut supposer que cette exhibition n'est pas du tout du goût des femmes, car, comme la personne déguisée leur est à toutes entièrement inconnue, chaque femme peut supposer que la visite est à son intention ; mais elles n'osent pas refuser de se rendre quand elles sont convoquées. La cérémonie commence par des chants et des danses qui durent jusqu'à minuit, heure à laquelle le Mumbo désigne la coupable. Cette infortunée étant alors immédiatement saisie, on la dépouille nue, on l'attache à un poteau, et elle est rudement fustigée par le Mumbo, au milieu des acclamations et des rires de toute l'assemblée. Il est à remarquer que les femmes sont les plus acharnées contre leur malheureuse sœur. Le point du jour met fin à ce divertissement indécent et barbare.

Le 9 décembre, comme il n'y avait pas d'eau à se procurer sur la route, nous voyageâmes vite jusqu'à Tambacunda, et, partis de cette ville le matin du 10, nous atteignîmes dans la soirée Kouniakari, ville de la même importance à peu près que Kolor. Le 11, à midi à peu près, nous arrivâmes à Koudjar, ville frontière de Woulli du côté de Bondou, dont elle est séparée par un désert de deux jours de marche.

Le guide que m'avait donné le roi de Woulli étant maintenant sur le point de retourner, je lui donnai, pour le payer de sa peine, un peu d'ambre, et ayant appris qu'il était impossible en tout temps de se procurer de l'eau dans le désert, je cherchai des hommes qui pussent me guider et porter mon eau pendant ce trajet. Trois nègres, chasseurs d'éléphants, m'offrirent leurs services ; je les acceptai, leur payant à chacun trois barres d'avance, et le jour étant près d'être fini, je me déterminai à passer la nuit où je me trouvais. Les habitants de Koudjar, bien qu'ils ne soient pas entièrement inaccoutumés à la vue des Européens, puisque beaucoup d'entre eux ont eu l'occasion de visiter les pays qui bordent la Gambie, me regardèrent avec un mélange de curiosité et de respect; puis, le soir, ils m'invitèrent à assister à un neobering, ou lutte dans le bentang. Ce spectacle est très commun dans tout le pays mandingue. Les spectateurs se placèrent en cercle, laissant au milieu d'eux un espace pour les lutteurs, qui étaient des jeunes gens robustes et actifs, et accoutumés dès leur enfance, je le suppose, à cette sorte d'exercice. Ils se dépouillèrent de leurs vêtements, hormis d'une paire de caleçons courts, et après avoir eu la peau enduite d'huile ou de beurre de shea, les combattants s'approchèrent l'un de l'autre, marchant sur leurs pieds et leurs mains, et de temps à autre tendant un bras, jusqu'à ce qu'un d'eux sauta et prit son adversaire par le genou. Alors ils déployèrent beaucoup de dextérité et de calcul, mais le combat fut décidé par la supériorité de la force, et je pense qu'il y a peu d'Européens capables de tenir tête au vainqueur. Il faut remarquer que les combattants étaient excités par un tambour qui donnait à leurs mouvements de la régularité et une sorte de cadence.

A la lutte succéda une danse dans laquelle figuraient plusieurs acteurs, qui tous étaient pourvus de petites clochettes attachées à leurs bras et à leurs jambes : ici encore le tambour réglait leurs mouvements. On le battait avec un bâton recourbé, que le tambour avait dans la main droite, se servant de temps à autre de la gauche pour amortir le son et ainsi varier sa musique. On emploie aussi le tambour dans ces occasions pour maintenir l'ordre parmi les spectateurs en imitant le son de certaines phrases mandingues. Par exemple, quand la lutte va commencer, le tambour bat un temps que je lui suppose signifier *ali beu si*, asseyez-vous! sur quoi les spectateurs s'asseyent aussitôt. Et quand les combattants doivent commencer, le tambour bat *amouta! amouta!* prenez! prenez!

Dans le cours de la soirée, on me présenta une boisson qui, à ma grande surprise, avait le goût de la bonne bière forte; et j'appris avec étonnement qu'elle était également fabriquée avec de l'orge, et qu'une racine dont l'amertume n'est pas désagréable servait de houblon.

De bonne heure, dans la matinée du 12, j'appris qu'un des chasseurs d'éléphants s'était caché avec l'argent qu'il avait reçu de moi pour partie de son salaire. Afin d'empêcher les autres de suivre son exemple, je leur fis à l'instant remplir d'eau leurs calebasses, et dès que le soleil parut, j'entrai dans le désert qui sépare les royaumes de Woulli et du Bondou.

Nous n'avions pas fait plus d'un mille quand les gens de ma suite insistèrent pour s'arrêter, afin de préparer un charme ou saphi, qui devait leur assurer un voyage sûr. C'est ce qu'ils firent en marmotant quelques mots et en crachant sur une pierre qu'ils avaient jetée en avant de nous sur le chemin. La même cérémonie eut lieu trois fois, et ensuite les nègres allèrent avec la plus grande confiance ; chacun d'eux était fermement persuadé que cette pierre, comme le bouc émissaire, avait emporté tout qui pourrait engager les pouvoirs supérieurs à nous causer malheur.

Nous continuâmes de marcher sans aucune halte jusqu'à midi, heure à laquelle nous arrivâmes sous un grand arbre, nommé par les naturels *nima taba*. Il avait un singulier aspect, étant décoré d'innombrables haillons ou morceaux d'étoffes, que des voyageurs traversant le désert avaient sans doute, à plusieurs reprises, attachés aux branches : c'était probablement dans l'intention d'apprendre au voyageur que l'eau se trouvait non loin de là, mais le temps avait tellement sanctionné cette coutume que personne n'ose passer près de cet arbre sans y suspendre quelque chose. Je suivis l'exemple et attachai aux branches un joli morceau d'étoffe ; ayant ensuite appris qu'il y avait un puits ou un étang à une certaine distance, j'ordonnai aux nègres de décharger les ânes, afin que nous pussions leur donner du blé, et nous régaler des provisions que nous avions prises. Pendant ce temps, j'envoyai un des chasseurs d'éléphants pour chercher le puits ; j'avais l'intention, si l'on pouvait se procurer de l'eau dans cet endroit, d'y passer la nuit. On trouva un étang, mais l'eau était fangeuse et épaisse, et les nègres découvrirent près de là les restes de provisions et d'un feu récemment éteint, traces du passage de voyageurs ou de brigands. Mes gens, dans leur terreur, adoptaient la dernière supposition. Moi-même, croyant que les voleurs rôdaient autour de nous, je changeai de résolution et pris le parti de me diriger vers un autre lieu où il y avait de l'eau et que, disait-on, nous pouvions atteindre de bonne heure dans la soirée.

Nous partîmes immédiatement, mais il était huit heures du soir quand nous arrivâmes à l'endroit désigné. Là, fatigués par une si longue traite, nous nous couchâmes après avoir allumé un grand feu et entourés de notre bétail sur la terre nue, à plus d'une portée de fusil du moindre buisson, et les nègres s'enten-

pour veiller chacun à leur tour, à l'effet de prévenir toute surprise.

Je ne sais pas si en effet il y avait du danger, mais tant que dura le voyage les nègres avait une peur indicible des bandits. Aussitôt que parut le jour nous remplîmes nos *soufros* (outres) et les calebasses à l'étang et partîmes pour Tallika, première ville du Bondou, où nous étions le 18 décembre à onze heures du matin. Je ne saurais toutefois quitter le Woulli sans faire remarquer que je fus partout bien reçu des naturels, et que les fatigues de la journée étaient ordinairement soulagées le soir par un cordial accueil, et quoique la façon de vivre des Africains me fût d'abord désagréable, je découvris enfin que l'habitude avait à la longue surmonté des inconvénients sans importance et m'avait rendu aisée et même agréable toute chose.

IV.

Tallika. — Arrivée à Fatteconda. — Entrevue avec Almamy, roi de Bondou. — Visite aux femmes de ce roi. — Arrivée à Joag.

Tallika est situé sur la frontière de Bondou, ce sont des Foulahs mahométants qui l'habitent. La chasse à l'éléphant et les vivres qu'ils vendent aux caravanes leur procurent une grande aisance.

L'officier du roi qui réside à Tallika consentit à m'accompagner auprès de son souverain moyennant cinq barres. Pendant le trajet, deux de mes hommes se prirent de querelle, et quoique un africain pardonne, dit-on, plus facilement un coup qu'une injure, ils s'invectivèrent comme deux portefaix de nos ports.

Nous passâmes la nuit à Ganado, où un chanteur ambulant nous joua de fort jolis airs, en souflant sur la corde d'un arc et en la frappant en même temps avec une baguette.

Après avoir traversé le Nériko, dont les bords sont couverts de mimosas, nous nous trouvâmes devant la haute muraille de Kourkarany, ville mahométane qui possède une mosquée.

A Douggi, on m'offrit un bœuf pour six petits morceaux d'ambre, j'acceptai le marché qui, du reste, était excellent, avec d'autant plus de plaisir que ma petite troupe croissait ou diminuait suivant la chère que je lui faisais. Aussi l'achat du bœuf me valut-il d'être escorté de Fellahs nombreux, ce qui mit notre caravane, devenue presque imposante, à l'abri d'un coup de main de pillards. Un de nos ânes vint à s'entêter et refusa obstinément d'avancer. Cela ne déconcerta point nos nègres. Ils prirent une branche fourchue, mirent la fourche dans la bouche de l'âne en attachant les deux petits bouts par-dessus sa tête et laissant pendre le long. De sorte que chaque fois que l'âne baissait la tête il se faisait un mal horrible; il la porta dès lors toute droite et marcha très vite.

Nous arrivâmes dans un village où nous fûmes tout aussitôt entourés de négresses qui nous demandaient toutes de l'ambre ou des verroteries.

Elles n'avaient pour tout vêtement qu'une mousseline appelée bikoui, et leurs manières n'étaient pas plus policées que leurs costumes, elles coupèrent les boutons des vêtements de mes gens et me déchirèrent mon chapeau. Je me hâtai de remonter à cheval, et, le croira-t-on, ces furies me suivirent encore un demi-mille durant.

Après avoir traversé Soubrodouka, nous nous trouvâmes dans un village où tous les habitants étaient occupés à pêcher. Les uns barraient la rivière avec de grands paniers de plus de vingt pieds de long, où le courant entraînait même les gros poissons; d'autres maniaient l'épervier avec beaucoup de dextérité. Sur la rive je vis une file de cônes de pâte blanche qui exalait une odeur nauséabonde, c'était de la chair de poisson pilée qu'on faisait sécher au soleil et que les indigènes mêlent sous la farine de poudre à leurs couscous les jours de régal.

Un vieux schérif maure vint à passer qui me donna tout d'abord sa bénédiction et qui demanda ensuite du papier pour écrire des saphis. Il me dit qu'il avait vu le major Houghton dans le pays des Maures, que c'était là qu'il était mort.

Après avoir passé Nayemou, nous arrivâmes à Fatteconda, capitale du royaume de Bondou.

En Afrique, il n'y a point de caravansérails pour loger les voyageurs, aussi se rend-on tout d'abord au bentang, et là quelques habitants ne manquent pas de vous offrir l'hospitalité. En effet un slaté, très estimable nous invita à loger dans sa maison. A peine reposé, je pris mon interprète et me rendis chez le roi.

Quand j'arrivai, il m'invita à m'asseoir près de lui sur sa natte, et après avoir entendu mon récit, sur lequel il ne fit aucune observation, il me demanda si je voulais acheter des esclaves ou de l'or. Sur ma réponse négative, il parut un peu surpris : il me dit cependant d'aller le trouver dans la soirée et qu'il me donnerait quelques provisions.

Ce monarque s'appelait Almamy, nom maure, bien que j'aie appris qu'il n'était point mahométan, mais cafir ou infidèle. J'avais ouï dire qu'il avait agi envers le major Houghton avec beaucoup d'affabilité, et l'avait fait piller. Sa conduite à mon égard, lors de cette entrevue, bien plus civile que je ne l'espérais, fut loin de me tirer d'inquiétude. J'appréhendais quelque perfidie, et comme j'étais alors tout à fait en sa puissance, je pensai que le meilleur parti à prendre était de préparer les voies par un présent. J'emportai donc avec moi le soir une boîte de poudre, de l'ambre, du tabac et mon parasol ; et comme je supposais que mes paquets seraient visités, je cachai quelques articles dans le toit de la cabane que j'occupais, et je mis mon habit bleu neuf pour le conserver.

Toutes les maisons qui appartiennent au roi et à sa famille sont entourées d'un haut mur de terre qui en fait une espèce de citadelle. L'intérieur est divisé en plusieurs cours. A la première entrée, je remarquai un homme debout, le mousquet sur l'épaule, et je trouvai le passage très embarrassé avec des sentinelles placées aux différentes portes. Quand nous arrivâmes à l'entrée de la cour où réside le roi, mon guide et mon interprète, suivant la coutume, ôtèrent leurs sandales, et le premier prononça à haute voix le nom du roi jusqu'à ce qu'on répondit de l'intérieur. Nous trouvâmes le roi assis sur une natte, ayant près de lui deux personnes. Je répétai ce que je lui avais dit concernant l'objet de mon voyage et quelles étaient mes raisons pour traverser son pays. Il ne sembla toutefois qu'à demi-satisfait. L'idée de voyager par curiosité lui était tout à fait nouvelle. Il regardait, disait-il, comme impossible qu'un homme dans son bon sens entreprît un voyage si périlleux, seulement pour voir la contrée et ses habitants. Toutefois, quand je lui offris de lui montrer le contenu de mon porte-manteau et tout ce qui m'appartenait, il fut convaincu. Il était évident que ses soupçons venaient de ce qu'il croyait que tout voyageur blanc devait nécessairement être un négociant. Quand je lui eus délivré mes présents, il parut très content, et surtout du parasol qu'il ouvrit et ferma à plusieurs reprises, à sa grande admiration et à celle de ses deux serviteurs. Ils furent longtemps sans pouvoir comprendre l'usage de cette machine. J'étais alors sur le point de prendre congé quand le roi, pour me retenir un peu, entama un long préambule en faveur des blancs, exaltant leurs immenses richesses et leurs dispositions bienveillantes. Il arriva ensuite à l'éloge de mon habit bleu dont les boutons jaunes paraissaient fixer en particulier son attention. Il termina par me prier de le lui donner, m'assurant, pour me consoler de cette perte, qu'il le porterait dans les grandes occasions, ce qui proclamerait à tous ceux qui le verraient ma grande libéralité envers lui. La requête d'un prince africain, surtout quand elle s'adresse à un étranger, ressemble fort à un ordre ; c'est seulement un moyen d'obtenir par la douceur ce qu'il peut, s'il lui plaît, avoir par la force : or, comme il était contre mon intérêt de l'offenser par un refus, j'ôtai tranquillement

7.

mon habit, le seul bon que je possédasse, et je le mis à ses pieds.

Pour répondre à cette générosité, il me donna une grande abondance de provisions, et me pria de le venir voir le matin encore ; je m'y rendis et le trouvai assis sur son lit. Il me dit qu'il était malade et désirait que je lui tirasse un peu de sang ; mais je n'eus pas plutôt bandé son bras et pris la lancette que son courage faillit, et il me demanda de remettre l'opération à l'après-midi, car il se sentait, disait-il, beaucoup mieux qu'il n'avait été, et me remercia affectueusement de mon empressement à lui rendre service. Il me dit alors que ses femmes avaient grande envie de me voir, et me pria de leur faire une visite. Un serviteur reçut l'ordre de me conduire, et je ne fus pas plutôt entré dans la cour consacrée aux femmes, que tout le harem m'entoura, quelques-unes demandant des drogues, d'autres de l'ambre, et toutes avides d'essayer de ce grand spécifique africain, la *saignée*. Elles étaient au nombre de dix ou douze, la plupart jeunes et jolies, et portaient sur la tête des ornements d'or et des grains d'ambre.

Elles me raillèrent sur différents points, et en particulier sur la blancheur de ma peau et la saillie de mon nez. Elles persistèrent à les regarder comme artificiels : ma peau blanche, disaient-elles, venait de ce qu'étant enfant j'avais été plongé dans du lait ; et quant à la forme désagréable et peu naturelle de mon nez, je devais l'attribuer à ce qu'on l'avait pincé chaque jour jusqu'à ce qu'il fut difforme à ce point. De mon côté, sans prendre parti pour ma propre difformité, je leur fis beaucoup de compliments sur la beauté africaine. Je vantai le noir luisant de jais qu'avait leur peau, et l'agréable dépression de leur nez ; mais elles me dirent que la flatterie, ou pour répéter leur expression, la *bouche de miel* n'était pas estimée à Bondou. Toutefois, pour me remercier de ma visite et de mes compliments auxquels, pour le dire en passant, elles ne paraissaient pas être aussi insensibles qu'elles l'affectaient, elles me firent présent d'une jarre de miel et d'un peu de poisson, qui furent envoyés à mon logis. Le roi me fit encore demander un peu avant le coucher du soleil.

Je lui portai des grains de verre et un peu de papier à écrire, car il est d'usage de faire quelque petit cadeau en prenant congé, en retour de quoi le roi me donna cinq drachmes d'or, en me faisant remarquer que ce n'était qu'une bagatelle et un don de pure amitié, mais que cela me serait utile dans mon voyage pour acheter des provisions. Il fit succéder à cet acte d'affection une marque de bienveillance plus prononcée encore, en me disant poliment que bien qu'il fût en règle commune d'examiner le bagage de chacun des voyageurs qui traversent son pays, cependant il voulait me dispenser de cette formalité, ajoutant que j'étais libre de partir quand il me plairait. En conséquence, dans la matinée du 23, nous quittâmes Fatteconda; et à onze heures environ nous arrivâmes dans un petit village où nous nous déterminâmes à faire halte pour le reste du jour.

Dans l'après-midi, mes compagnons m'apprirent que comme nous nous trouvions actuellement sur la frontière du Bondou et du Kadjaaga, et qu'il y a du danger pour les voyageurs, il serait nécessaire de voyager de nuit jusqu'à ce que nous eussions atteint une partie plus hospitalière du pays. J'adhérai à la proposition, et louai deux guides pour traverser les bois ; puis, dès que les habitants du village furent couchés, nous partîmes par un clair de lune magnifique. Le calme de l'air, le hurlement des bêtes féroces et la profonde solitude de la forêt rendaient la scène solennelle et imposante. Aucun de nous ne disait un mot, ou bien c'était à voix basse; tout le monde était attentif, et chacun montrait à l'envie sa sagacité en me désignant les loups et les hyènes qui glissaient comme des ombres d'un hallier à l'autre. Vers le matin, nous trouvâmes un village nommé *Kimmou*, où nos guides éveillèrent une de leurs connaissances, et nous y fîmes halte pour donner du blé à nos ânes et faire rôtir quelques noix de terre pour nous. Au point du jour, nous nous remîmes en route, et dans l'après-midi nous arrivâmes à Joag, dans le royaume de Kadjaaga.

Comme nous voici maintenant dans un pays et chez un peuple différent, à beaucoup d'égards, de ce que nous avons observé jusqu'ici, je donnerai, avant d'aller plus avant, quelques détails sur le Boudou, son territoire et ses habitants, les Foulahs ; détails que j'ai réservés pour cette partie de ma relation.

Bondou est borné à l'est par Bambouk ; au sud-est et au sud par Tenda et le désert de Simbani ; au sud-ouest il a pour limite le Woulli ; à l'ouest, Fouta-Torre ; et au nord il est borné par le Kadjaaga.

Le pays, comme celui du Woulli, est en général boisé, mais le terrain est plus élevé, et vers le Salommé il forme des éminences considérables. Dans aucune partie de l'Afrique le sol n'est plus fécond qu'ici. La situation centrale de Bondou, placé entre la Gambie et le Sénégal, fait que ce pays est très fréquenté par les slatés qui le traversent en se rendant de la côte dans l'intérieur et par les négociants qui y viennent fréquemment de l'intérieur pour acheter du sel. Les différentes branches de commerce sont exploitées par les Mandingues et les Serawoullis établis dans le pays. Cette étendue de relations commerciales rendent très productifs les droits perçus sur les marchandises ; le roi du Bondou est complétement pourvu d'armes et de munitions, circonstance qui le rend redoutable aux États voisins.

Les habitants diffèrent par le teint et les mœurs nationales des Serawoullis et des Mandingues, avec lesquels ils sont souvent en guerre. Il y a quelques années que le roi du Bondou traversa la rivière Salommé avec une armée nombreuse, et après une courte et sanglante campagne, il défit totalement les forces du roi de Bambouk, qui fut obligé de lui demander la paix et de lui rendre toutes les villes qui bordent le Salommé à l'est.

Les Foulahs, en général, sont basanés; leurs traits sont délicats et leur chevelure soyeuse. Après les Mandingues, ils composent indubitablement la plus importante des nations de cette partie de l'Afrique. On dit que leur mère patrie est le Fouladou (c'est-à-dire le pays des Foulahs); mais ils possèdent actuellement plusieurs autres royaumes, que séparent de grandes distances. Toutefois leur teint n'est pas exactement le même dans différents districts. Dans le Bondou et les autres royaumes dans le voisinage du territoire maure, ils ont une teinte plus olivâtre que dans les États du sud.

Les Foulahs du Bondou sont naturellement d'un caractère doux et affable, mais les maximes du Koran les ont rendus moins bien disposés que les Mandingues en faveur des étrangers. Il est évident qu'ils regardent tous les noirs indigènes comme leurs inférieurs; et quand ils parlent de diverses nations, ils se rangent toujours au nombre des blancs.

Leur gouvernement diffère de celui des Mandingues, principalement en ce qu'ils sont plus immédiatement sous l'influence des lois mahométanes, car tous les chefs, le roi excepté, et une grande partie des habitants du Bondou sont musulmans, et les lois du prophète sont partout regardées comme sacrées et décisives. Toutefois, dans l'exercice de leur foi, ils ne sont pas très intolérants à l'égard de ceux de nos compatriotes qui conservent leurs anciennes superstitions. Ils ne connaissent pas la persécution religieuse et elle ne leur est pas nécessaire, car le système de Mahomet est conçu pour s'étendre par des voies beaucoup plus efficaces. Au moyen d'écoles dans les différentes villes où beaucoup des infidèles sont, de même que les Mahométans, instruits à lire le Koran et les préceptes du prophète, les prêtres musulmans laissent dans les esprits une impression que nulle des circonstances de la vie de leurs disciples ne saurait altérer ou détruire. J'ai visité plusieurs de ces petites écoles dans le cours de mes voyages, et j'ai toujours vu les élèves pleins de docilité et de soumission.

L'industrie des Foulahs dans la pratique de l'agriculture est partout très remarquable ; même sur les bords de la Gambie, la plus grande partie du blé est cultivé par eux, et leurs troupeaux sont plus nombreux et en meilleur état que ceux des Mandingues. Ils montrent une grande habileté dans l'entretien de leur bétail, qu'ils savent par de douces manières rendre extrêmement privé. A l'approche de la nuit, on les fait revenir des bois et on les rassemble dans des parcs nommés *korris*, construits dans le voisinage des différents villages. Au milieu de chaque korri il y a une petite hutte dans laquelle un ou deux des bergers veillent la nuit pour empêcher des vols de bestiaux et pour alimenter les feux que l'on entretient autour des korris pour écarter les bêtes féroces.

On trait le matin et le soir ; le lait est excellent, mais il s'en faut que la quantité que donne chaque vache soit aussi grande qu'en Europe. Les Foulahs emploient le lait principalement comme un objet de nourriture et attendent pour cela qu'il soit aigre. La crème qu'il produit est très épaisse et on en fait du beurre en le battant dans une grande calebasse. Ce beurre, après l'avoir fait fondre sur un feu doux et qu'on l'a séparé de toute matière étrangère, se garde dans des vases de terre, et entre dans une grande partie de leurs mets. Il leur sert également pour s'oindre la tête, et ils s'en mettent abondamment sur le visage et sur les bras.

Mais bien que le lait soit abondant, il est remarquable que les Foulahs ne connaissent pas l'art de fabriquer le fromage. Il en est ainsi de tous les habitants de cette partie de l'Afrique. Un ferme attachement aux coutumes de leurs ancêtres leur fait voir avec préjugé tout ce qui semble une innovation. Outre les bestiaux qui constituent la principale richesse des Foulahs, quelques-uns possèdent d'excellents chevaux, dont la race semble être un mélange des races arabes et africaines primitives.

V.

Le royaume de Kadjaaga. — Les Serawoullis. Joag. — Mungo-Park volé par ordre du roi Batchéri. — Charité d'une esclave. — Demba-Sego, neveu du roi de Kasson, offre à Mungo-Park, qui accepte, de le conduire chez son oncle le roi de Kasson.

Le royaume de Kadjaaga est dans toute son étendue un agréable mélange de collines et de vallées. Les habitants s'appellent *Serawoullis* et les étrangers les nomment Seracollet. Comme les Yolofs, ils ont la peau couleur de jais.

Quand un marchand serawoulli revient d'une expédition heureuse, tous ses voisins s'assemblent immédiatement pour le féliciter sur son arrivée. Dans ces occasions, le voyageur déploie sa richesse et sa générosité en faisant quelques cadeaux à ses amis, mais si son entreprise a été malheureuse, la cérémonie est bientôt terminée, et chacun le regarde comme un homme sans intelligence qui ferait un long voyage et, suivant leur expression, *ne rapporterait que ses cheveux sur sa tête.*

Il est bon d'apprendre leur langue, qui est très gutturale, parce qu'on la comprend en général dans les royaumes de Kasson, de Kaarta, de Ludaniar et les parties septentrionales du Bambara : dans tous ces pays les Serawoullis sont les principaux marchands.

Nous arrivâmes à Joag, ville frontière du royaume, le 24 décembre, et nous nous établîmes dans la maison du chef, qui, ici, n'est plus connu sous le nom d'*Alcaïd*, mais s'appelle le *Douti*. C'était un Musulman rigide, mais renommé pour son hospitalité. On peut supposer à cette ville, à la première vue, une population de dix mille habitants : elle est entourée d'une haute muraille, dans laquelle sont pratiquées nombre de meurtrières pour l'usage de la mousqueterie en cas d'attaque. La propriété de chacun est de même entourée d'un mur, ce qui fait de l'ensemble autant de citadelles distinctes, car chez un peuple qui est étranger à l'usage de l'artillerie, ces murailles remplissent l'objet des plus puissantes fortifications. A l'ouest de la ville est une petite rivière sur les bords de laquelle les habitants cultivent beaucoup de tabac et d'oignons.

Le même soir, Madibou, le buchrinn qui m'avait accompagné depuis Pisania, alla faire une visite à son père et à sa mère qui habitaient une ville voisine nommée *Dramanet*; mon autre compagnon, le forgeron, se joignit à lui, et, dès qu'il fut nuit, je fus invité à assister aux divertissements des habitants, car il est d'usage parmi eux, à l'arrivée des étrangers, de les amuser de toutes manières. Je trouvai une grande foule autour d'une société qui dansait à la clarté de grands feux et au son de quatre tambours battus avec une grande précision de mesure. Les danses consistaient plus en gestes lubriques qu'en attitudes de force ou de grâce. Les femmes luttaient à qui déploierait les mouvements les plus voluptueux.

Le 25 décembre, à deux heures du matin, des cavaliers entrèrent dans la ville, et ayant réveillé mon hôte, ils lui parlèrent quelque temps en langue serawoullie, après quoi ils descendirent et se rendirent au bentang où j'avais placé mon lit. Un d'entre eux, pensant que je dormais, tenta de m'enlever le mousquet qui était près de moi sur la natte; mais quand il s'aperçut qu'il ne pouvait effectuer son dessein sans être découvert, il y renonça, et les étrangers s'assirent près de moi jusqu'au point du jour.

Je pus alors voir, à la figure de Johnson, mon interprète, qu'il y avait en jeu quelque chose de fort désagréable. Je fus également surpris de voir Madibou et le forgeron si vite revenus. Quand j'en demandai la raison, Madibou me répondit que pendant qu'ils étaient à danser à Dramanet, dix cavaliers de Batcheri, le roi du pays, ayant son second fils à leur tête, y étaient arrivés, demandant si l'homme blanc avait passé par-là; et quand on leur dit que j'étais à Joag, ils tournèrent bride sans retard; Madibou ajouta qu'ayant appris cela, lui et le forgeron étaient revenus à la hâte pour me prévenir de la visite des cavaliers. Pendant que j'écoutais ce récit, les dix cavaliers arrivèrent; ils descendirent de cheval et s'assirent avec ceux qui étaient déjà près de moi, et le tout formait un cercle de vingt hommes, dont chacun tenait son fusil à la main. Je pris cette occasion de faire remarquer à mon hôte que, comme je n'entendais pas le serawoulli, j'espérais que quelque chose que ces hommes eussent à se dire, ils parleraient mandingue. Ils y consentirent, et un gros homme, chargé d'un grand nombre de saphis, entra en matière par une très longue harangue, où il me notifiait qu'étant entré dans la ville du roi sans avoir d'abord payé les droits ou fait des présents au souverain, mes gens, mes bestiaux et mes bagages étaient confisqués, conformément aux lois du pays. Ils ajoutèrent qu'ils avaient reçu l'ordre du roi de me conduire à Maana, lieu de sa résidense, et que si je refusais de le suivre, ils avaient l'ordre de m'y conduire par force, et à peine ces paroles dites, ils se levèrent en me demandant si j'étais prêt. Il aurait été aussi vain qu'imprudent de résister ou d'irriter un tel nombre d'hommes. Je feignis donc de consentir, et je les priai seulement d'attendre que j'eusse donné à mon cheval une ration de blé et réglé mes affaires avec mon hôte. Le pauvre forgeron, qui était natif du Kasson, prenant cette feinte soumission pour réelle, et me prenant à part, me dit qu'il s'était toujours comporté envers moi comme si j'étais son père et son maître, et qu'il espérait que je ne le renierais pas complétement en allant à Maana; ajoutant à cela que, comme il y allait avoir, selon toute apparence, guerre entre le Kasson et le Kadjaaga, il perdait non-seulement sa petite propriété, fruit d'un travail de quatre ans, mais encore sa liberté, à moins que ses amis ne payassent deux esclaves pour le racheter. Je compris son raisonnement dans toute sa force, et me décidai à faire tout ce que je pourrais pour soustraire le forgeron à un sort si épouvantable. Je dis donc au fils du roi que j'étais prêt à le suivre, sous la condition que le forgeron, qui habitait un royaume lointain, et m'était tout à fait étranger, serait autorisé à rester à Joag jusqu'à mon retour; ils s'y opposèrent, soutenant que nous avions tous violé les lois du pays, et que nous étions tous responsables.

Je pris alors mon hôte à part, et après lui avoir donné un peu de poudre, je lui demandai son avis dans une situation si critique; il fut en définitive d'opinion que je ne devais pas aller trouver le roi qui, s'il découvrait quelque chose de précieux en ma possession, ne se ferait certainement point de scrupule sur les moyens de se le procurer. Cet avis me rendit plus empressé encore d'arranger cette affaire avec les gens du roi, et je commençai par leur faire remarquer que ce que j'avais fait ne provenait en aucune manière d'un manque de respect envers le roi, non plus que de la volonté d'enfreindre les lois, mais qu'il n'en fallait accuser que mon inexpérience et mon ignorance, étant entièrement étranger aux lois et coutumes du pays; j'avais en effet passé la frontière sans savoir que j'avais avant tout des taxes à payer, et je leur assurai que j'étais prêt à le faire. Je leur présentai alors comme don destiné au roi, les cinq drachmes d'or que m'avait données le roi du Bondou. Ils acceptèrent l'or, mais ils insistèrent pour examiner mes bagages, ce à quoi je m'opposai en vain. Les paquets furent ouverts, mais les hommes furent très désappointés quand ils ne trouvèrent ni tout l'or, ni tout l'ambre qu'ils avaient espérés. Ils comblèrent le déficit toutefois en prenant tout ce qu'il leur plaisait, et, après avoir lutté et débattu avec moi pendant tout le jour, ils partirent au coucher du soleil, après m'avoir volé la moitié de mes marchandises. Ces procédés découragèrent mes gens, et notre courage ne fut pas relevé par un assez mauvais souper, après un long jeûne. Madibou me demanda à s'en retourner, et Johnson rit aux éclats à la pensée de continuer le voyage sans argent; le forgeron enfin craignait d'être vu et reconnu pour être natif de Kasson. C'est dans cette situation d'esprit que nous passâmes la nuit près d'un feu terne, et nous étions le lendemain dans une situation très embarrassante.

Il était impossible de se procurer des provisions sans argent, et je savais que si je montrais des grains ou de l'ambre, le roi en serait sur-le-champ instruit, et que je perdrais ainsi probablement le peu d'effets que j'avais pu soustraire. Nous résolûmes donc de combattre la faim tout le jour et d'attendre quelques occasions favorables pour acheter ou demander des provisions.

Toutefois, comme j'étais assis sur le bentang, mâchant de la paille, une vieille femme esclave, passant près de moi avec un panier sur la tête, me demanda si *j'avais eu mon dîner*. Comme je pensai au premier moment qu'elle se moquait de moi, je ne lui répondis rien ; mais mon petit domestique qui était à côté répondit pour moi, et lui dit que les gens du roi m'avaient enlevé tout mon argent. Quand elle apprit cela, la vieille, avec un regard bienveillant, ôta aussitôt son panier de dessus sa tête, et me montrant qu'il renfermait des noix de terre, me demanda si j'en voulais manger. Sur ma réponse affirmative, elle m'en offrit plusieurs poignées, et s'éloigna avant que j'eusse eu le temps de la remercier de cette provision si bien venue. Cette circonstance bien légère me fit éprouver un véritable plaisir : la conduite de cette pauvre esclave, obéissant aux *inspirations de son cœur*, me touchait ; elle avait connu la peine de la faim, et sa propre misère la rendait compatissante pour les souffrances des autres.

La vieille m'avait à peine quitté que je reçus la nouvelle de l'arrivée d'un neveu de Demba-Sego-Jalla, le roi de Kasson, qui voulait me rendre visite. Il était venu en ambassade près de Batcheri, roi de Kadjaaga, pour essayer d'arranger les différents survenus entre celui-ci et son oncle ; mais après trois jours de conférences sans succès, il était sur le point de s'en retourner, et ayant appris qu'un homme blanc allant à Kasson se trouvait à Joag en ce moment, la curiosité l'amenait vers moi. Je lui représentai quelle était ma situation; alors il m'offrit franchement sa protection, et me dit qu'il serait mon guide jusqu'à Kasson, pourvu que je fusse prêt à partir le lendemain matin, et qu'il répondait de ma sûreté. J'acceptai l'offre avec empressement et reconnaissance, et le matin du 27 décembre, au point du jour, nous étions prêts mes compagnons et moi.

Mon protecteur qui s'appelait *Demba-Sego*, probablement du nom de son oncle, avait une nombreuse suite. Notre troupe, au départ de Joag, se composait de trente personnes et de six ânes chargés, et nous cheminâmes assez gaîment pendant quelques heures sans la moindre circonstance digne de remarque, quand nous arrivâmes à une espèce de chêne dont mon interprète Johnson s'était enquis plus d'une fois. Quand nous l'eûmes enfin trouvé, il nous pria de faire halte, et prenant un poulet blanc qu'il avait acheté à Joag, tout exprès, il l'attacha par la patte à une des branches, et nous dit que nous pouvions continuer notre route, et que notre voyage serait désormais heureux. Je rapporte cet incident pour mettre en plein jour le caractère nègre, et montrer combien est puissante la superstition sur leurs esprits. Bien que cet homme eût résidé sept ans en Angleterre, il est évident qu'il avait conservé dans toute leur vivacité les préjugés et les idées dont il avait été pénétré dans sa jeunesse. Cette cérémonie était, dans son intention, une offrande ou sacrifice aux esprits des bois qui, disait-il, sont une race puissante d'êtres blancs avec une longue chevelure ondoyante. Je ris de sa folie sans condamner la piété du motif.

A midi, j'avais atteint Gungadi, grande ville où nous restâmes une heure environ, jusqu'à ce que quelques ânes qui étaient restés en arrière nous rejoignissent. Ici, j'observai nombre de dattiers et une mosquée bâtie de terre avec six petites tours que surmontait chacune un œuf d'autruche. Un peu avant le coucher du soleil, nous étions à Sami, ville sur les bords du Sénégal, qui est à cet endroit une belle rivière, mais peu profonde, et qui coule lentement sur un lit de sable et de gravier : les bords sont élevés et couverts de verdure; le pays est découvert et cultivé, et les montagnes de Felow et de Bambouk ajoutent beaucoup à la beauté du paysage.

Le 28 décembre, de Sami nous arrivâmes dans l'après-midi à Kayi, grand village dont partie est située sur la rive nord, partie sur la rive sud du fleuve. Un peu au-dessus de celui-ci est une cataracte considérable au-dessous de laquelle la rivière est très noire et très profonde. Après avoir appelé et tiré des coups de fusil, les habitants du Kasson nous aperçurent et vinrent avec un canot pour

8

prendre notre bagage. Je ne regardais pas, toutefois, comme possible de faire descendre les animaux du haut en bas du bord qui était de quarante pieds au-dessus de l'eau, mais les nègres s'emparèrent des chevaux et les lancèrent par une sorte de tranchée qui était presque perpendiculaire, et semblait polie par un fréquent usage de ce moyen de transport. Les animaux terrifiés, une fois lancés de cette manière à l'eau, les hommes descendirent comme ils le purent. Alors le batelier, saisissant le plus vigoureux des chevaux au moyen d'une corde, le conduisit dans l'eau, et avec quelques coups de rame éloigna un peu le canot de la rive. Ensuite une attaque générale commença sur les autres chevaux qui, se voyant harcelés de tous côtés, se plongèrent unanimement dans le fleuve et suivirent leur camarade. Quelques domestiques se mirent à la nage derrière eux, et en leur jetant de l'eau quand ils essayaient de revenir, ils les poussèrent en avant, et nous eûmes au bout de quinze minutes la satisfaction de les voir tous sains et saufs sur l'autre bord. Ce qui était plus difficile, c'était de faire prendre le même chemin aux ânes. Leur entêtement naturel leur fit endurer beaucoup plus de coups avant de se jeter à l'eau, et une fois arrivés au milieu de la rivière, quatre retournèrent en dépit de tout ce qu'on put faire pour les pousser en avant. Nous mîmes deux heures à les faire arriver tous; une heure fut nécessaire pour transporter les bagages, et le soleil était près de se coucher quand le canot revint; alors Demba-Sego et moi nous nous embarquâmes sur ce dangereux bateau que le moindre mouvement semblait devoir faire chavirer. Le neveu du roi eut la fantaisie de regarder dans une boîte que j'avais mise à l'avant, et en tendant la main pour la prendre, il détruisit par ce mouvement l'équilibre et renversa le canot. Par bonheur nous n'étions pas loin du bord, et y revînmes après peu de difficultés. Alors nous exprimâmes l'eau de nos habits, remîmes la main à la rame et bientôt nous prîmes terre sur la rive du Kasson.

VI.

Arrivée à Tiesie. — Tiggity-Sego, frère du roi. — Détention de Mungo-Park à Tiesie. — Rapacité de Tiggity-Sego. — Mungo-Park part pour Kouniakary, capitale du royaume. — Arrivée dans cette ville.

A peine débarqués sur le territoire de Kasson, Demba-Sego me fit entendre qu'étant sur le territoire de son oncle, et par conséquent à l'abri de tout danger, il espérait bien un beau présent en témoignage de ma reconnaissance. Je l'avoue, ce langage me surprit, car Demba-Sego n'ignorait pas que j'avais été volé à Joag. J'en fus à regretter d'avoir passé le fleuve : mais ce n'était pas le lieu de me plaindre, et je remis au neveu du roi sept barres d'ambre et un peu de tabac, ce qui le satisfit pleinement.

Après une longue journée de marche, nous atteignions enfin Tiesie ; la maison ou plutôt la hutte de Demba-Sego nous servit d'asile durant la nuit. C'était le 29 décembre au soir. Le lendemain, mon hôte me présenta à son père, Tiggity-Sego, frère du roi de Kasson et commandant de Tiesie. Le vieillard me considéra avec beaucoup d'attention et me dit n'avoir vu auparavent qu'un seul européen. A la description qu'il m'en fit je n'eus aucune peine à reconnaître le Major Houghton.

Dans cette première entrevue, Tiggity-Sego fut très curieux : il voulut savoir le motif de mon voyage ; je le lui expliquai sans détour, mais, soupçonneux comme tous les gens de son pays, il s'imagina que je le trompais. Aussi me dit-il qu'il était indispensable d'aller présenter mes hommages au roi son frère, à Kouniakary, mais qu'avant mon départ il comptait bien sur ma visite.

Dans l'après-midi, un esclave du gouverneur s'échappa ; aussitôt chacun de prendre son cheval et de voler à la recherche du fugitif. Demba-Sego qui ne voulait pas demeurer en retard, me demanda le mien ; je le lui prêtai volontiers. Une heure après on ramenait l'esclave que l'on fouetta et mit aux fers.

Le lendemain, 31 décembre, une querelle s'étant élevée dans une ville de Gedemah, Demba-Sego reçut l'ordre de prendre avec lui vingt cavaliers et de partir rétablir l'ordre ; de même que la veille Demba-Sego m'emprunta mon cheval sous prétexte que la vue de ma bride et de ma selle lui donnerait plus de considération parmi les Maures. Je ne pouvais refuser ; je consentis donc à lui prêter ma monture pour trois jours. Je profitai de son absence pour parcourir la ville ; je conversai avec les habitants, pour lesquels j'étais une véritable bête curieuse ; leur accueil fut bienveillant, et je pus me procurer du lait, des œufs et toutes sortes de provisions.

Tiesie est une grande ville non murée et défendue

seulement par une citadelle, palais du gouverneur Tiggity. Quoique riches en bétail et en grains, les habitants ne sont rien moins que difficiles quant à leur nourriture. Ainsi, tous indifféremment, grands et petits, maîtres et esclaves, mangent sans la moindre répugnance les rats, les taupes, les écureuils, les serpents et les sauterelles. Cependant j'ai remarqué une coutume bien plus curieuse : les femmes n'ont pas le droit de manger un œuf, et cette coutume, soit qu'elle provienne d'une antique superstition, soit qu'elle ait été inventée par quelque vieux Buschréen rusé qui, aimant beaucoup les œufs, désirait les conserver pour lui seul, cette coutume, dis-je, est très rigoureusement observée, à ce point même qu'offrir un œuf à une femme est la plus grande injure qu'on puisse lui faire. C'est d'ailleurs la seule des contrées mandingues que j'ai parcourues qui possède cet usage ; et ce qu'il y a de plus singulier, c'est que les hommes ne se font aucun scrupule d'avaler des œufs en présence même de leurs femmes.

Tiesie, ville frontière, devait nécessairement, en temps de guerre, être exposée aux excursions des Maures de Gedumah. Aussi Tiggity-Sego, en homme prudent, fit demander et acheter des provisions pour un an dans les villages voisins. Le 4 janvier 1796 était ce jour fixé pour l'apport des différentes denrées : le cortége arriva donc ce jour-là et fit son entrée dans la ville aux acclamations du peuple.

Le 5 janvier, une ambassade composée de dix personnes arriva à Tiesie. Almani Abd-el-Cader, roi de Fouta-Torra, pays à l'occident du Bondou, envoyait à Tiggity-Sego le message suivant qui devait être lu devant le peuple assemblé : — « Si le peuple de « Kasson n'embrasse pas la religion mahométane et « ne prouve sa conversion en faisant onze fois par « jour des prières publiques, le roi de Fouta-Torra ne « pourra garder la neutralité dans la guerre qu'on « s'apprêtait à faire, et joindra ses armes à celles du roi « de Kadjaaga. »

Ce message d'un roi aussi puissant jeta l'épouvante dans la ville : on délibère, et enfin l'on consentit à tout ce que demandait ce puissant monarque, si humiliantes que fussent les conditions.

Le 8 janvier, Demba-Sego me ramena mon cheval ; je commençais à m'impatienter. Aussi, à peine fut-il en ma possession, je me rendis auprès de Tiggity-Sego pour l'informer que dès le lendemain matin je me mettrais en route pour Kouniakary. Le vieillard fit quelques objections futiles, puis me déclara que je ne devais pas songer à me mettre en route sans lui avoir payé le tribut qu'il était en droit de recevoir des voyageurs. Il ajouta même qu'il comptait bien sur ma générosité, eu égard à la bienveillance qu'il m'avait témoignée.

Le 9 janvier, au matin, Demba-Sego, escorté d'une suite nombreuse, venait, envoyé par son père, chercher chez moi le présent convenu. J'étais préparé à cette visite, et offris tranquillement sept barres d'ambre et sept barres de tabac. Demba prit ces objets, les examina avec froideur, les posa et me dit que ce n'était pas un présent pour un homme comme Tiggity-Sego, qui avait le pouvoir de me prendre tout ce que je possédais. Et sans plus attendre de réplique, Demba et ses gens firent main basse sur tout ce qu'ils trouvèrent à leur convenance parmi les objets m'appartenant. Entre autres choses, Demba n'oublia pas de s'approprier la boîte en fer blanc qui avait si fort attiré son attention au passage du fleuve. Il n'y eut pas jusqu'au forgeron qui, bien que né dans le royaume de Kasson, fut obligé d'ouvrir ses paquets et de jurer que tout ce qu'ils renfermaient était bien à lui.

Plus que jamais je résolus de hâter mon départ. Le 10, de très grand matin, je partais de Tiesie. Notre première journée de marche nous permit de distinguer de loin les montagnes qui environnent Kouniakary, elle se passa d'ailleurs sans incidents. Le lendemain, dès le petit jour, nous étions de nouveau en route, et quelques heures après nous traversions le Krieko, rivière très rapide, affluent du Sénégal. A deux milles à l'est de cette rivière nous traversions sans nous y arrêter une grande ville très ordinaire appelée Madina, et à deux heures de l'après-midi nous étions en vue de Jumbo, patrie du forgeron, qui en était absent depuis quatre ans.

Son frère, informé de son retour, vint à sa rencontre, accompagné d'un chanteur. Afin que le forgeron pût faire dans sa ville natale une entrée convenable, il lui amenait un cheval, et nous pria en même temps de charger à poudre nos fusils. A mesure que nous approchions de Jumbo, nous étions rejoints par les gens de la ville qui formaient cortége en chantant et gambadant pour témoigner de leur joie au retour de leur compatriote. A notre entrée en ville, le chanteur improvisa un chant en l'honneur du forgeron, vantant son courage et invitant finalement ses amis à lui offrir un repos copieux. A la maison du forgeron, nous saluâmes ses parents par une salve de nos fusils ; leur accueil fut très tendre, lui-même fut touché profondément. Mais comment peindre son émotion lorsqu'on lui amena sa vieille mère aveugle qui s'avançait appuyée sur un bâton. Tous se rangèrent sur son passage. Elle étendit alors sa main sur son fils en le félicitant de son retour ; puis toucha avec soin ses mains, ses bras, son visage. Ce fut une scène bien touchante.

Après ce premier épanchement, tous s'assirent et le forgeron fut prié par son père de faire le récit abrégé de ses aventures. De bonne grâce il s'exécuta, fit le tableau de son voyage de Kasson au royaume de Gambie, raconta ses occupations et ses aventures à Pisania, et fit une peinture saisissante des dangers auxquels il avait échappé en retournant dans sa patrie. Dans cette dernière partie de son récit, il eut souvent occasion de faire mention de moi, il peignit même ma bienveillance à son égard avec des expressions très vives de reconnaissance et enfin s'écria : — « *Assille ibi sering.* » — « Voyez-le, là, assis. »

Afin de ne pas troubler leurs tendres épanchements de famille, je m'étais tenu coi, assis auprès d'une chaumière, à quelques pas de la maison du forgeron, aussi ne m'avait-on pas remarqué. Mais à cette exclamation, tous les regards se tournèrent de mon côté, et l'on se prit à me considérer comme un homme fort étrange ; quelques-uns furent même terrifiés en me voyant d'une autre couleur que la leur. Cependant leur frayeur se calma lorsque le forgeron leur eut appris que je n'étais point méchant du tout ; alors quelques-uns se mirent à examiner mes vêtements.

Le reste du jour et le lendemain fut consacré à me réjouir avec ces bonnes gens ; puis je songeai à mon départ, mais le forgeron me déclara ne pas vouloir me quitter durant mon séjour à Kouniakary. Nous partîmes donc le 14 janvier. A midi, nous fîmes halte à Soulo, petit village à trois milles au sud de la capitale. Je dus m'y arrêter pour voir un slaté, nommé Salim Daucari. Il faisait le commerce de Gambie et jouissait d'une grande considération. Le docteur Laidley le connaissait beaucoup, et lui avait confié des marchandises pour la valeur de cinq esclaves : j'étais chargé d'en percevoir le montant. Ce slaté me reçut avec beaucoup de politesse.

Le roi de Kasson avait appris mon excursion à Soulo, et cela bien rapidement, puisque à peine y étais-je depuis quelques heures que Sambo-Sego, le deuxième fils du roi, arriva, escorté d'une troupe de cavaliers, pour s'informer du motif qui m'avait empêché de me rendre directement à Kouniakary et de me présenter au roi son père, impatient de me voir. Salim Daucari m'excusa et me promit de me conduire le jour même à la capitale. Nous partîmes donc au coucher du soleil, et une heure après nous étions à Kouniakary. Cependant il était déjà nuit ; il fallut donc remettre au lendemain la visite au roi, et il nous fallut profiter pour passer la nuit de la chaumière de Sambo-Sego que ce prince mettait à notre disposition.

VII.

Mungo-Park est à l'audience du roi de Kasson. — Séjour à Kounia-kary. — Départ pour Kemmou, capitale du royaume de Kaarta. — Le roi de Kaarta reçoit Mungo-Park avec bienveillance. — Départ pour le royaume de Ludaniar.

Le 15 janvier, à huit heures du matin, je me rendis à l'audience de Demba-Sego-Jalla, roi de Kasson. Un moment je crus ne pouvoir jamais pénétrer chez le monarque, tant se pressait la foule sur mon passage. Cependant on me fit un peu de place et je pénétrai jusqu'au roi, assis sur une natte dans une grande chaumière. C'était un homme d'une soixantaine d'années environ, heureux dans ses guerres et doux pour ses sujets en temps de paix; il était chéri de tous. Je lui fis une profonde révérence. Il me regarda avec une attention marquée. Quand Salim-Daucari lui eut expliqué le sujet de mon voyage, ce bon prince ne sembla pas parfaitement convaincu de la vérité de ce qu'on lui disait, néanmoins il promit de faire pour moi tout ce qui serait en son pouvoir. Puis il me dit avoir vu le major Houghton auquel il avait fait présent d'un cheval blanc, mais que ce pauvre voyageur, après avoir traversé le royaume de Kaarta, avait perdu la vie au pays des Maures; mais il ne put m'apprendre comment. L'audience finie, nous retournâmes à notre logement, et je tirai du peu d'objets qui me restaient un petit présent pour le roi ; je n'étais pas riche, car je n'avais encore rien reçu de Salim-Daucari. Ce présent, quoique peu considérable en lui-même, fut bien reçu du roi qui m'envoya en retour un beau taureau blanc. La vue de cet animal réjouit ma suite, non pas tant à cause de sa taille que parce qu'il était blanc, ce qui est une marque de faveur toute particulière. Toutefois, bien que le roi fût bien disposé pour moi et m'ait accordé sans hésiter la permission de passer sur son territoire, je découvris bientôt que des obstacles réels et inattendus arrêteraient probablement mes progrès. Outre la guerre qui était sur le point d'éclater entre Kasson et Kadjaaga, j'appris que le royaume de Kaarta, qui se trouvait sur ma route, était enveloppé dans cette question de guerre, et qu'en outre il était menacé d'hostilité de la part du Bambara. Le roi me fit part lui-même de ces circonstances, et me conseilla de rester dans le voisinage de Kouniakary jusqu'à ce qu'il eût pu me procurer des renseignements précis sur les projets du Bambara, ce qu'il espérait pouvoir faire au bout de quatre ou cinq jours, puisqu'il avait déjà, me disait-il, envoyé pour cet objet quatre messagers à Kaarta. J'accueillis sans hésiter la proposition, et me rendis à Soulo pour attendre le retour d'un de ces messagers, ce qui me donna l'occasion de recevoir ce que Salim-Daucari put me donner d'argent pour le compte du docteur Laidley. Je réussis à avoir de lui la valeur de trois esclaves, principalement en poudre d'or ; et désirant vivement me mettre en route le plus vite possible, je priai Daucari d'user de son influence auprès du roi pour me procurer un guide par le chemin de Fouladou, car j'avais appris que la guerre avait déjà commencé entre les rois de Kaarta et de Bambara. Daucari partit en conséquence pour Kouniakary dans la matinée du 20, et revint le même soir avec la réponse favorable du roi. Il me faisait dire qu'il avait depuis plusieurs années fait un arrangement avec Daricy, roi de Kaarta, pour diriger tous les marchands et les voyageurs du côté de ces domaines, mais puisque je désirais prendre la route du Fouladou, j'en avais la permission, bien qu'il ne pût pas malgré son assentiment me prêter un guide.

Comme j'avais éprouvé dans le commencement de mon voyage combien la protection d'un souverain était nécessaire, et ne voulant pas m'exposer à de nouvelles misères, surtout quand je considérais que l'argent que j'avais reçu était probablement le dernier secours qui me viendrait, je me déterminai à attendre que les messagers fussent revenus de Kaarta. Dans l'intervalle, le bruit commença à se répandre que j'avais reçu beaucoup d'or de Salim-Daucari, et le matin du 23, Sambo-Sego me fit visite avec un détachement de cavaliers. Il insista pour connaître le montant de la somme que j'avais reçue, me déclarant que, quelle qu'elle fût, il en revenait une moitié au roi. Il me déclara en outre qu'il attendait de moi un joli présent pour lui, fils du roi, et pour ceux qui l'accompagnaient en leur qualité de parents du roi. J'étais, on le conçoit, très mortifié des obligations qu'on m'imposait, mais songeant combien serait dangereuse une folle résistance, j'allais me soumettre si Salim-Daucari n'était pas intervenu ; il réussit enfin à faire accepter à Sambo seize bars de marchandises européennes, de la poudre et des balles, comme paiement complet de tout ce qu'on pouvait me demander dans le royaume de Kasson.

Le 26 janvier, dans l'après-midi, je me rendis sur une haute montagne au sud de Soulo, où je jouis de la plus délicieuse perspective de tout le pays. Le nombre des villes et des villages, et la vaste culture qui les entouraient, surpassaient tout ce que j'avais vu jusqu'alors en Afrique. On peut évaluer à un taux élevé la population, quand on sait que le roi de Kasson peut y lever *quatre mille* combattants à l'appel de son tambour de guerre. En traversant les éminences de cette montagne, qui sont des rocs presque sans végétation, je vis dans les fentes et les crevasses de rochers de grands trous où les loups et les hyènes se réfugient le jour. Quelques-uns de ces animaux nous rendirent visite dans la soirée du 27 : les chiens du village annoncèrent leur approche, et il est remarquable que ce n'était point par des aboiements, mais par les hurlements les plus sinistres. Les habitants du village ne les eurent pas plus tôt entendus, qu'en sachant la cause ils s'armèrent, et se munissant de bottes d'herbe ils se rendirent en corps à l'enclos situé au milieu du village où était le bétail. Là, ils allumèrent les bottes d'herbe sèche, et les brandissant et les agitant, il coururent, criant et vociférant par les montagnes. Cette manœuvre eut l'effet désiré, d'épouvanter les loups et de les faire sortir du village ; mais nous trouvâmes qu'ils avaient tué cinq animaux et blessé plusieurs autres.

Le 1ᵉʳ février, les messagers arrivés de Kaarta donnèrent la nouvelle que la guerre n'était pas encore entamée entre le Kaarta et le Bambara, et que je pourrais probablement traverser le Kaarta avant l'invasion du pays par l'armée de Bambara.

Le 3 février, de bonne heure le matin, deux guides vinrent de Kouni à Kari, pour me conduire aux frontières de Kaarta. Je pris donc congé de Daucari et me séparai pour la dernière fois de mon compagnon de voyage le forgeron, et à dix heures environ je sortis de Soulo. Nous voyageâmes tout le jour par un pays de montagnes et de rochers, le long de la rivière Kricko, et au coucher du soleil nous fîmes halte au village de Soumo où nous couchâmes.

Le 4 février, nous continuâmes de suivre le cours du Kricko, dont les bords sont bien cultivés et fourmillent d'habitants. Ils étaient alors renforcés par nombre de gens qui étaient venus de Kaarta s'y réfugier, à cause de la guerre de Bambara. Dans l'après-midi, nous atteignîmes Kimo, grand village où réside Madi-Konko, gouverneur de la contrée montueuse du

Kasson, nommée *Soroma*. De là, les guides que m'avait donné le roi Kasson s'en retournèrent pour se joindre à l'expédition contre Kadjaaga, et ce ne fut que le 6 que je pus obtenir de Madi-Konko un guide pour me conduire à Kaarta.

Le 7 février, je quittai Kimo avec le fils de Madi-Konko pour guide, et nous suivîmes toujours le Kricko jusqu'à l'après-midi, puis nous arrivâmes à Mandji, ville considérable. Le Kricko n'est ici qu'un ruisseau. Cette belle rivière prend sa source à l'est de cette ville, et descend avec un courant bruyant et rapide jusqu'au pied de la haute montagne de Fappa, où elle devient plus paisible et serpente doucement par les plaines de Kouniakary ; après quoi, et grossie par une branche qui lui vient du nord, elle se perd dans le Sénégal, près des chutes du Salou.

Le 8 février, nous traversâmes une rude contrée pierreuse, et après avoir passé par Seimpo et beaucoup d'autres villages, nous arrivâmes dans l'après-midi à Lackarago, petit village situé sur la bande de montagnes qui sépare les royaume de Kasson et de Kaarta. Dans le cours de la journée, nous rencontrâmes quelques centaines de personnes qui fuyaient Kaarta avec leur famille et leurs effets.

Le 9 février, de bonne heure le matin, nous quittâmes Lackarago, et un peu à l'est, atteignîmes le sommet d'une montagne, d'où nous avions une vue étendue de la contrée. Vers le sud-est on apercevait quelques montagnes dans le lointain, et notre guide nous dit que c'étaient les montagnes de Fouladou. Nous descendîmes avec beaucoup de difficultés par un précipice abrupte et hérissé de rocs, et continuâmes notre route dans le lit desséché d'une rivière où les arbres, s'entrelaçant au-dessus de nos têtes, rendaient le chemin sombre et frais. Au bout de peu de temps nous étions au fond de ce vallon romantique, et à environ six heures nous sortîmes d'entre deux hauts rochers, et nous nous trouvâmes dans les plaines unies et sablonneuses du Kaarta. A midi, nous arrivâmes à un *korri*, ou lieu à faire de l'eau, et là, pour quelques grains de verre, j'achetai autant de lait et de blé que nous en pouvions avoir besoin. En effet, les provisions sont dans ce pays tellement bon marché, et les bergers y vivent dans une telle abondance, qu'ils demandent rarement quelque chose en échange des rafraîchissements qu'un voyageur a reçus d'eux. De Kori nous arrivâmes au coucher du soleil à Fissurah, où nous nous établîmes pour le mieux.

Le 10 février, nous passâmes tout le jour à Fissurah pour laver un peu de linge et apprendre plus exactement la situation des affaires avant de nous risquer du côté de la capitale.

Le 11 février, notre hôte prenant avantage de la position incertaine du pays demanda pour notre logement une somme si extravagante, que, soupçonnant qu'il avait par ce moyen l'intention d'engager une querelle avec nous, je refusai d'accéder à sa demande exorbitante ; mais tous mes gens étaient tellement effrayés des bruits de la guerre prochaine, qu'ils refusaient d'aller plus avant, à moins que je ne m'arrangeasse avec lui et ne l'engageasse à m'accompagner à Kemmou pour nous protéger sur la route. J'y réussis assez difficilement, et au moyen d'une couverture que j'avais apportée pour mon coucher, et qui avait inspiré à mon hôte une si grande envie, les affaires furent accommodées à l'amiable ; il monta à cheval et se mit à notre tête. C'était un de ces nègres qui mènent de front, avec la partie cérémoniale de la religion musulmane, toutes leurs superstitions anciennes et boivent des liqueurs fortes. On les nomme *Johar* ou *Jowers*, et ils forment dans ce royaume une nombreuse et puissante tribu. Nous ne fûmes pas plus tôt dans une partie sombre et solitaire du bois, qu'il nous fit signe d'arrêter, et avec un morceau de bambou creux, qui lui pendait au cou comme une amulette, il siffla très fort trois fois. J'avoue que je fus un peu effrayé à la pensée que c'était un signal qu'il donnait à ses camarades pour venir nous attaquer, mais il me donna l'assurance qu'il n'avait agi ainsi que pour s'assurer du sort probable de notre voyage. Alors il descendit de cheval mit sa lance en travers sur la route, et, après nombre de courtes prières, il termina par trois sifflements encore. Il écouta ensuite quelque temps comme s'il attendait une réponse, et n'en recevant aucune, il nous dit que nous pouvions voyager sans crainte, car il n'y avait pas de danger. A midi environ, nous traversâmes plusieurs villages abandonnés. Les habitants s'étaient réfugiés dans le Kasson pour éviter les horreurs de la guerre. Nous arrivâmes à Karankalla au coucher du soleil. C'était autrefois une grande ville, mais comme elle a été, il y a quatre ans, pillée par les Bambarans, il y en a encore à peu près la moitié en ruines.

Le 12 février, au point du jour, nous partîmes de Karankalla, et comme il n'y avait plus qu'une petite journée pour arriver à Kemme, nous voyageâmes plus le lendemain qu'à l'ordinaire en nous amusant à cueillir des fruits le long de la route. Cette occupation fit que je m'éloignai un peu de ma troupe, et comme j'étais incertain s'ils étaient devant ou derrière moi, je me hâtai d'aller vers une éminence pour regarder autour de moi. Comme je me dirigeai du côté de cette hauteur, deux cavaliers nègres, armés de fusils, sortirent au galop des taillis. Dès que je les vis, je fis halte, les nègres en firent autant, et, tous trois, nous semblions également confondus. A mesure que j'approchai d'eux, leur peur croissait, et l'un des deux m'ayant lancé un regard d'horreur, partit au grand galop. Saisi d'une frayeur panique, il mit sa main sur ses yeux et ne cessa pas de marmotter des prières jusqu'à ce que son cheval, en apparence à l'insu de son cavalier, l'emmenât lentement sur les traces de son camarade. A un mille environ, ces cavaliers rencontrèrent mes gens, à qui ils racontèrent une terrible histoire. Il paraît que leur terreur m'avait revêtu de robes flottantes, d'un esprit formidable, et l'un d'eux affirma que, quand je fis mon apparition, un coup de vent froid tomba sur lui d'en haut comme beaucoup d'eau froide. A environ midi, nous vîmes au loin la capitale du Kaarta, située au milieu d'une plaine découverte, la contrée étant dépouillée de bois à deux milles à la ronde, par suite de la grande consommation qui se fait de cet article pour brûler et se chauffer. A environ deux heures de l'après-midi, nous entrâmes dans la ville.

Nous allâmes tout droit à la cour qui est devant la résidence du roi, mais j'étais si complétement entouré de la multitude ébahie, que je n'essayai pas de descendre de cheval et me contentai d'envoyer le fils de Nadikonko et mon hôte, pour prévenir le roi de mon arrivée. Ils revinrent bientôt accompagnés d'un messager du roi, qui me faisait signifier qu'il désirait me voir le soir. Le messager avait aussi la mission de me procurer un logement et de veiller à ce que la foule ne me molestât point. Il me conduisit dans une cour, à la porte de laquelle stationnait un homme, avec un bâton à la main, pour écarter la foule, et là, il me montra une grande hutte où je devais loger. J'étais à peine assis dans ce spacieux logement, que la foule entra. Il fut impossible de la maintenir dehors et je fus entouré par autant de monde que la hutte en pouvait recevoir. Quand la première société m'avait vu et adressé plusieurs questions, elle se retirait et faisait place à une autre, et de cette façon la hutte se vida et se remplit treize fois.

Un peu avant le coucher du soleil, le roi m'envoya dire qu'il était libre et désirait me voir. Je suivis le messager au travers de nombre de cours entourées de hauts murs, où j'observai beaucoup d'herbe sèche bottelée comme du foin, pour nourrir les chevaux dans le cas où la ville serait investie. Quand j'entrai dans la cour où le roi était assis, je fus étonné du nombre des gens de sa suite et du bon ordre qui paraissait régner parmi eux. Ils étaient tous assis. Les hommes de guerre à la droite du roi, les femmes et les enfants à sa gauche, laissant un passage pour moi. Le roi, nommé Daisy Kourabarri, ne se distinguait de ses sujets par aucune supériorité dans le costume. Un banc de terre de deux pieds de haut environ, sur lequel était étendue une peau de léopard, constituait la seule insigne de la dignité royale. Quand je fus assis sur la terre devant lui, et que je lui racontai les diverses circonstances qui m'amenaient à passer à travers son pays, et les raisons qui me portaient à solliciter sa protection, il parut parfaitement satisfait, mais il ajouta qu'il n'était guère en son pouvoir, en ce moment, de m'être de quelque secours, parce que toute communication était depuis quelque temps interrompue entre le Kaarta et le Bambara. Comme Mansong, roi de Bambara, était entré avec son armée dans le Fouladou en se dirigeant vers le Kaarta, il y avait peu à espérer que je pusse pénétrer dans le Bambara par aucun des chemins ordinaires ; d'autant plus que venant du pays d'un ennemi, je serais certainement pillé ou pris comme espion. Si son pays eût été en paix, me disait-il, il serait resté avec moi jusqu'à ce qu'une occasion favorable se présentât, mais, dans la situation présente, il ne désirait pas que je séjournasse à Kaarta dans la crainte que quelque accident ne m'arrivât, et parce qu'alors mes compatriotes diraient qu'il avait tué un blanc. Il me conseillait donc de retourner dans le Kasson et d'y rester jusqu'à la fin de la guerre, qui probablement arriverait au bout de trois ou quatre mois, et alors s'il était vivant, disait-il, il serait heureux de me voir, s'il était mort, ses enfants auraient soin de moi. Cet avis était certainement donné par le roi dans une bonne intention, et peut-être fus-je blâmable pour ne l'avoir pas suivi; mais je réfléchis que les mois chauds approchaient et je tremblais devant l'idée de passer la saison des pluies dans l'intérieur de l'Afrique. Ces considérations et l'aversion que me causait la pensée de revenir sans avoir fait dans mes découvertes de plus grands progrès, me déterminaient à pousser en avant, et bien que le roi refusât de me donner un guide pour le Bambara, je le priai de permettre à un homme de m'accompagner aussi près des frontières de ce royaume qu'il le pourrait faire avec sûreté. Quand le roi vit que j'étais bien résolu à continuer, il me dit qu'il y avait encore une route libre, mais qu'elle n'était pas entièrement sans danger. Elle consistait à passer du royaume de Kaarta dans le royaume maure de Ludaniar, pour aller de là par un circuit dans le Bambara. Le roi m'offrit, si je voulais prendre ce chemin, des gens qui me conduiraient à Jarra, ville frontière du Ludaniar. Il s'informa alors avec beaucoup de soin de la manière dont j'avais été traité depuis mon départ de la Gambie, et me demanda en plaisantant combien d'esclaves je comptais emmener avec moi. Il allait poursuivre quand un homme, monté sur un beau cheval maure, couvert de sueur et d'écume, entra dans la cour et déclara qu'il avait quelque chose d'important à communiquer au roi : celui-ci prit alors ses sandales, et c'est là le signe qu'il faut se retirer. Je pris donc congé, mais je dis à mon petit domestique de rester aux environs afin d'apprendre quelque chose des nouvelles que ce messager apportait. Au bout d'une heure environ, le domestique revint et me dit que l'armée Bambara avait quitté le Fouladou et était en marche vers Kaarta : l'homme que j'avais vu et qui apportait cette nouvelle était un de ces espions ou éclaireurs employés par le roi, dont chacun a son poste particulier, habituellement sur une éminence, d'où il a une vue étendue de la contrée et surveille les mouvements de l'ennemi.

Dans la soirée, le roi m'envoya un beau mouton,

présent très acceptable, puisque aucun de nous n'avait pris de nourriture de tout le jour. Tandis que nous apprêtions le souper, on commença les prières du soir, non par le cri habituel du prêtre, mais par le bruit du tambour et de sons prolongés tirés des dents d'éléphant creusées de façon à en faire une trompe dont le son est mélodieux et ressemble plus que tout autre son artificiel à la voix humaine. Comme le corps principal d'armée de Dainy était alors à Kemmou, les mosquées étaient pleines, et je remarquai là que les disciples de Mahomet formaient la moitié au moins de l'armée de Kaarta.

Le 13 février, je fis présent au roi de mes pistolets de selle et de mes arçons, et très pressé de quitter un lieu qui vraisemblablement allait bientôt devenir le théâtre de la guerre, je priai le messager de faire savoir au roi que je désirais quitter Kemmou aussitôt qu'il jugerait convenable de me donner un guide. Une heure après, le roi m'envoya avec son messager, chargé de me remercier de mon présent, huit cavaliers pour me conduire à Jarra. Ils me dirent que le roi désirait que je me rendisse à cette destination le plus vite possible pour qu'ils fussent de retour avant que rien ne fût fait de décisif entre les armées de Bambara et de Kaarta. Nous partîmes donc aussitôt de Kemmou, accompagnés des trois fils de Dany et de deux cents cavaliers environ, qui dans une intention bienveillante voulurent nous voir dans notre chemin.

VIII.

Route de Kemmou à Funingkedy. — Simbing. — Détails sur l'assassinat du major Houghton. — Jarra.

Nous marchions lentement à cause de l'excessive chaleur, lorsque nous aperçûmes deux nègres assis au milieu des buissons. Les cavaliers qui me suivaient saisirent leurs carabines croyant avoir affaire à des fugitifs. Les nègres bandèrent leurs arcs. On parlementa. C'étaient des habitants d'un village voisin qui cueillaient des vomberongs, petites baies jaunes et farineuses d'un goût délicieux, dont on fait un excellent pain, et qui sont produites par une espèce de lotus. Je compris alors l'épithète de lolophages que Pline donne aux Lybiens, et je trouvai ce pain de lotus délicieux. A Funingkedy, notre approche épouvanta les habitants, parce que l'un de mes guides portait un turban. Ils virent bientôt que nous n'étions point des Maures et le lendemain nous nous joignîmes à beaucoup de gens de Funingkedy qui, comme nous, partaient pour Jarra. Pour éviter les Maures brigands, nous voyageâmes la nuit.

Le 18 février, nous passâmes près de Simbing, petite ville frontière du royaume de Ludaniar, où le major Houghton se vit abandonné par ses nègres qui ne voulurent pas le suivre dans le pays des Maures. Il périt de faim ou fut assassiné, on ne sait, et en passant, mon guide me montra de loin l'endroit où ce martyr de la science était resté sans sépulture. Nous rencontrâmes des chevaux sauvages, ils étaient tous de la même couleur. Les indigènes sont très friands de leur chair.

A midi, nous arrivâmes à Jarra, grande ville située auprès d'une chaîne de montagnes rocheuses. Il faut que je dise succinctement à mes lecteurs quelle fut l'origine de la guerre qui m'engagea à prendre cette route et qui, par cela même, fut la cause de toutes mes infortunes. Un parti de Maures déroba quelques taureaux à Bambara et les vendirent à un douty ou chef du Kaarta. Les volés réclamèrent leur bétail, on le leur refusa. Ils s'adressèrent au roi Mansong qui voyait du reste avec jalousie la prospérité croissante du Kaarta, et prit prétexte de l'injustice faite à ses sujets pour déclarer la guerre. Quatre jours après mon arrivée à Jarra, Mansong s'avança vers Kemmou avec toute son armée. Daisy se retira à Joko, puis il alla se renfermer dans la place forte de Gédingouma.

Mansong, voyant que Daisy avait résolu d'éviter une bataille rangée, ordonna de parcourir le pays et de s'emparer des habitants avant qu'ils eussent le temps de s'enfuir. Cet ordre fut exécuté avec tant de promptitude et de barbarie qu'en peu de jours tout le royaume de Kaarta fut dans la désolation.

Pendant ce temps, Daisy s'occupait à fortifier Gédingouma. Mansong, désespérant de prendre la place, résolut de la réduire par la famine. Il envoya dans le Bambara tous les prisonniers qu'il avait faits et resta deux mois autour de Gédingouma. Harcelé par les sorties des assiégés, il fit demander à Ali, roi de Ludaniar, deux cents cavaliers qu'Ali lui refusa. Indigné, Mansong marcha, avec une partie de son armée, droit sur Funingkedy. Les Maures avertis se retirèrent du côté du nord, et Mansong, voyant son projet échoué, s'en retourna à Sego.

Cela se passait pendant que j'étais retenu captif dans le camp d'Ali. Le roi de Kaarta était délivré de son plus redoutable ennemi, mais un incident le mit soudain en guerre avec le Kasson. Tandis que les Bambaras étaient encore dans le Kaarta, le roi de Kasson mourut. Les fils se disputèrent le trône qui resta au plus jeune, Sambo-Sego. L'aîné se réfugia à Gédingouma, et Daisy refusa de le livrer aux mains de Sambo-Sego. Celui-ci profita de ce que Daisy avait envoyé des gens semer des grains dans les environs de Jako pour les capturer et les envoyer au Fort Louis pour être vendus comme esclaves.

Daisy pour se venger se mit à la tête de huit cents de ses meilleurs soldats et pilla trois grands villages.

La saison des pluies mit fin à cette guerre du Kaarta.

IX.

Description de Jarra. — Mungo-Park se rend à Diena et poursuit sa route jusqu'à Somée, où il est arrêté par les ordres d'Ali.

La ville de Jarra est grande et ses maisons sont bâties en pierre avec de l'argile au lieu de mortier.

Elle est peuplée de nègres du Midi, qui préfèrent payer un tribut aux Maures et être protégés que de rester chez eux exposés aux agressions et aux rapines.

Les Maures de Ludaniar ressemblent beaucoup aux mulâtres des Antilles. Leur race est un mélange des Maures du nord et des nègres du midi, et ils réunissent en eux les vices des deux peuples.

L'état incertain du pays et la conduite oppressive des Maures avaient tellement effrayé mes gens qu'ils me déclarèrent qu'ils préféraient renoncer à toute récompense que de faire un pas de plus du côté de l'est. Le danger d'être pris par les Maures et vendus comme esclaves devenant de jour en jour plus imminent pour eux, je fis offrir à Ali qui se trouvait occupé près de Benoûm cinq vêtements de toile de coton, lui demandant la permission de passer sur ses états sans recevoir d'insultes, afin de me rendre dans le Bambara. Quatorze jours s'écoulèrent sans qu'Ali me fit rien répondre, mais dès le 26 février, un des esclaves du prince vint me dire qu'il était chargé par son maître de me conduire en sûreté jusqu'à Goumba.

Le 27 février, je remis la plupart de mes papiers à Johnson, tout en gardant un duplicata, et je partis avec l'esclave et Demba, qui ne voulut pas me quitter. Nous passâmes par Guira et Compe, et le 1ᵉʳ mars nous nous trouvions à Diena. Les habitants m'accablèrent d'injures, me crachèrent au visage dans l'espoir de m'irriter et d'avoir un prétexte pour s'emparer de mon bagage, puis ils dirent qu'étant chrétien tous les enfants de Mahomet avaient le droit de me piller. Ils ouvrirent mes paquets et prirent tout ce qui était à leur gré. Voyant la façon dont on nous traitait, le guide et mon domestique voulurent retourner à Jarra, je résolus de poursuivre ma route tout seul. Je partis donc le lendemain à deux heures du matin. Il faisait clair de lune. A peine avais-je fait un demi-mille que je vis accourir Demba. Il m'apprit que l'esclave d'Ali s'en allait à Benoûm et que l'esclave de Daman était prêt à partir pour Jarra, mais qu'il déterminerait peut-être ce dernier à m'accompagner. J'attendis, et au bout d'une demi-heure je le vis revenir avec l'esclave.

Nous traversions un pays sablonneux couvert d'asclépias. Le 4 mars, au matin, nous vîmes à Sompaka une si grande quantité de sauterelles, que les arbres en étaient blancs. Le bruit que font leurs excréments en tombant sur les feuilles sèches ressemble beaucoup à celui de la pluie. Quand on secoue un arbre sur lequel elles sont posées, il en part aussitôt une quantité qui ressemble à un épais nuage.

A Sompaka, je logeai dans la maison d'un nègre qui faisait de la poudre à feu. Il recueille le salpêtre des étangs lorsque ceux-ci sont à sec dans la saison des chaleurs. Le 5 mars, vers midi, nous fîmes halte dans le village de Dangoli, et le soir nous arrivâmes à Dolli, où nous vîmes deux grands troupeaux de chameaux. Quand les Maures les font paître, ils leur relèvent une des jambes de devant et l'attachent pour empêcher qu'ils ne s'éloignent.

Le jour où nous arrivâmes à Dolli était un jour de fête; on chantait et on dansait. Dès qu'ils apprirent qu'il venait d'arriver un homme blanc, ils vinrent m'examiner avec curiosité. Pour échapper à cet ennui, nous nous rendîmes à Somée où le douty fut si fier d'héberger un homme blanc qu'il fit tuer deux beaux moutons. Au milieu du festin, une troupe de soldats d'Ali entrèrent dans la chaumière, ils dirent qu'ils venaient me chercher pour complaire à Fatima, épouse d'Ali, qui ayant souvent entendu parler des chrétiens voulait en voir un. L'esclave de Daman s'était sauvé dès qu'il avait aperçu les Maures, mais le fidèle Demba me suivit.

En arrivant à Diena, j'allai présenter mon respect à l'un des fils d'Ali; je le trouvai dans une chaumière très basse occupé avec cinq ou six compagnons à se laver les pieds.

Je ne fus pas plus tôt assis que le fils d'Ali me présenta un fusil, en me disant d'en teindre la culasse en bleu et de raccommoder une des platines. Je lui dis que j'ignorais le métier d'armurier.

Nous quittâmes Diena à cinq heures, et le lendemain nous arrivions à Benoûm, la résidence d'Ali. Son camp était un assemblage de tentes malpropres, au milieu desquelles étaient parqués des troupeaux de chameaux et de chèvres.

J'arrivai enfin devant le roi, il était sous sa tente, occupé à rogner quelques poils de sa moustache, tandis qu'une négresse lui tenait un miroir. Il demanda à mes conducteurs si je parlais l'arabe, puis ne me dit plus rien. Les négresses qui étaient autour de lui ne faisaient pas de même, elles m'accablaient de questions, fouillaient dans mes poches et m'obligeaient à déboutonner mon gilet pour examiner la blancheur de ma peau. Elles allèrent jusqu'à compter les doigts de mes pieds et de mes mains.

Le Maure qui faisait l'office d'interprète me dit qu'Ali allait me faire donner quelque chose à manger. Aussitôt on amena un cochon, Ali fit signe de le tuer : mais sachant que les Maures ont cet animal en horreur, je me hâtai de dire à l'interprète que je ne touchais jamais à une pareille viande. On lâcha le cochon dans l'espoir qu'il courrait sur moi, tous les Maures croyant qu'il existe une grande antipathie entre cet animal et les chrétiens, mais l'animal se rua sur les Maures et vint se réfugier sous le coussin même du roi. On donna une cabane en tiges de maïs verticalement placées et on y attacha le cochon par ordre d'Ali, qui voulait par là ridiculiser les chrétiens, mais les enfants l'irritèrent tellement qu'il rompit sa corde et mordit plusieurs personnes.

Lorsque je fus dans ma cabane, les Maures m'entourèrent. Il fallait me déchausser pour leur montrer mes pieds et ôter ma veste et mon gilet pour leur faire voir comment je m'habillais et je me déshabillais. De midi au soir je ne fis autre chose qu'ôter et remettre mes habits, les boutonner et les déboutonner. A huit heures du soir, Ali m'envoya un peu de couscous.

Le 13, je fus aussi tracassé que la veille. Les enfants se rassemblèrent pour battre le cochon et les femmes pour tourmenter le chrétien.

X.

Mungo-Park est toujours prisonnier. — Funérailles et mariages des Maures. — Présent que la mariée fait à Mungo-Park. — Détail de mœurs.

Les Maures, quoique très indolents de leurs personnes, sont des maîtres très rigides, et exigent un travail actif des gens qui dépendent d'eux. Mon domestique Demba fut envoyé dans les bois, ramasser de l'herbe sèche pour le cheval d'Ali, et après avoir fait différents projets sur mon compte, ils me trouvèrent enfin un emploi qui n'était autre que le respectable office de *barbier*. Je devais faire ma première exhibition de capacité en cette profession devant le roi, et je fus honoré de la tâche de raser la tête du jeune prince de Ludaniar. Je m'assis en conséquence sur le sable, et l'enfant, avec quelque hésitation, s'assit près de moi. On me mit dans la main un petit rasoir long de trois pouces environ, avec ordre de commencer; mais, soit effet de mon manque d'habileté, soit défectuosité de l'instrument, je fis malheureusement une petite coupure à la tête de l'enfant au début de l'opération. Le roi ayant remarqué ma manière gauche de tenir le rasoir, conclut que la tête de son fils était dans de très mauvaises mains, et me donna ordre de rendre le rasoir et de sortir de la tente. Je regardai ceci comme une très heureuse circonstances, car je m'étais imposé pour règle de me faire aussi inutile et aussi insignifiant que possible, regardant cette manière d'agir comme le seul moyen de recouvrer ma liberté.

Le 18 mars, quatre Maures arrivèrent de Jarra avec Johnson, mon interprète, qu'ils avaient arrêté avant qu'il fût informé de la position dans laquelle j'étais. Ils avaient avec eux un paquet de hardes et de linge que j'avais laissé dans la maison de Daman-Jumma pour mon usage, dans le cas où je reviendrais par le chemin de Jarra. On amena Johnson dans la tente d'Ali, et il y fut interrogé ; le paquet fut ouvert, et on m'envoya chercher pour que je fisse connaître l'usage de ces différents objets. Je fus heureux toutefois d'apprendre que Johnson avait confié mes papiers aux soins d'une des femmes de Daman. Quand j'eus satisfait la curiosité d'Ali relativement aux différentes parties du vêtement, on refit le paquet, et on le mit dans un grand sac de peau de vache qui était dans un coin de la tente. Le même soir, Ali envoya trois de ses gens pour me donner avis de la présence d'une grande bande de voleurs dans le voisinage, et me fit savoir que, pour empêcher que le reste de mes objets me fût enlevé, il était nécessaire de transporter le tout dans sa tente : mes habits, mes instruments et tout ce qui m'appartenait furent donc emportés, et, bien que la fraîcheur du linge propre m'eût été nécessaire pour me rafraîcher, je ne pus me procurer seulement une chemise de la provision que j'avais apportée. Toutefois Ali fut très déconcerté quand il ne trouva point parmi mes effets la quantité d'or et d'ambre qu'il avait espérée. Pour s'assurer de ce qui en était, il envoya le matin suivant les mêmes personnes pour examiner si je n'avais rien de caché sur ma personne. Ces gens, avec leur rudesse native, fouillèrent dans tous les coins de mon vêtement, et me prirent tout mon or, mon ambre, ma montre et une de mes boussole de poche. J'avais heureusement, la veille au soir, enfoui mes autre compas dans le sable, et ces objets, avec les vêtements que je portais, furent tout ce qui put échapper aux tyranniques investigations d'Ali.

L'or et l'ambre étaient fort satisfaisants pour l'avarice des Maures; mais la boussole de poche devint bientôt un objet de curiosité superstitieuse. Ali désirait beaucoup savoir pourquoi ce petit morceau de fer, l'aiguille, montrait toujours le Grand-Désert, et je me trouvai un peu embarrassé pour répondre à sa question; accuser mon ignorance, c'était faire soupçonner que je voulais lui cacher la vérité; je lui répondis donc que ma mère demeurait bien loin au-delà des sables de Sahara, et que tant qu'elle serait vivante, la pointe de fer me désignerait ce point, et me servirait de guide pour me mener vers elle, et que si elle était morte, l'aiguille me désignerait encore son tombeau. Alors Ali regarda la boussole avec un étonnement double : il la tourna et la retourna à diverses reprises ; mais voyant que le fer marquait toujours le même point, il prit l'instrument avec de grandes précaution et me le rendit, témoignant l'opinion qu'il y avait là quelque chose de magique, et qu'il craignait de la garder entre ses mains.

Le 20 mars, au matin, les chefs tinrent conseil sur mon compte dans la tente d'Ali. Leurs décisions, bien que toutes défavorables, me furent rapportées différemment par différentes personnes. Quelques-unes me dirent qu'ils avaient l'intention de me mettre à mort; d'autres assuraient que je ne perdrais que la main droite; mais ce qu'il y avait de plus probable, c'est ce que je tenais du fils même d'Ali, enfant de neuf ans, qui vint me trouver dans la soirée, et qui m'apprit avec beaucoup d'intérêt que son oncle avait persuadé à son père de me faire arracher les yeux, qui, disait-on, ressemblaient à ceux d'un chat: cette mesure avait été approuvée par tous les bouchrinns. Toutefois son père, ajoutait-il, ne mettrait la sentence à exécution que quand la reine Fatima, qui se trouvait en ce moment dans le nord, m'aurait vu.

Le 21 mars, très inquiet de mon sort, je me rendis de bon matin chez le roi, et comme il y avait là nombre de bouchrinns assemblés, je pensai que l'occasion était favorable pour m'assurer de leurs intentions. Je commençai donc par solliciter la permission de retourner à Jarra: elle me fut tout nettement refusée. Sa femme, me disait le roi, ne m'avait pas encore vu, et je devais rester jusqu'à ce qu'elle vînt à Benoûm, après quoi j'aurais la liberté de partir sur mon cheval, qu'on m'avait pris le lendemain même de mon arrivée. Quelque peu satisfaisante que fut cette réponse, je fus forcé d'en paraître content, et comme il y avait peu d'espoir que je pusse échapper à cette époque de l'année, à cause de l'excessive chaleur et du manque absolu d'eau dans les bois, je pris le parti d'attendre patiemment la fin des pluies, ou une occasion plus favorable; mais l'espoir éloigné rend le cœur malade. Cette fatigante attente de jour en jour, et l'idée de traverser les royaumes nègres par la saison pluvieuse qui approchait, me rendit très triste, et après une nuit sans repos, je me trouvai le matin atteint d'une fièvre violente. Je m'étais bien enveloppé de mon manteau afin d'exciter la transpiration et je dormais, quand une bande de Maures entra dans la cabane, et, avec leur rudesse ordinaire, ils m'arrachèrent le manteau. Je leur fis signe que j'étais malade et désirais beaucoup dormir; mais je sollicitais en vain: mes souffrances furent pour eux un objet de risée, et ils s'attachèrent à l'augmenter par tous les moyens possibles. Cette insolence calculée et humiliante à laquelle j'étais exposé était un des plus amers ingrédiens dans la coupe de la captivité, et me rendait souvent la vie à charge. Dans ces moments de détresse j'enviais le sort de l'esclave qui, au milieu de ses calamités, avait du moins la libre jouissance de ses pensées, bonheur auquel je fus étranger pendant quelque temps. Fatigué de ces insultes continuelles et aigri par mon état de fièvre, je tremblais que je ne vinsse à sortir des bornes de la prudence et que la colère ne me portât à quelque violence, dont la mort eût été la conséquence inévitable. Dans ce tourment je quittai ma hutte et allai me coucher sous un arbre ombreux à une certaine distance du camp. Là même, la persécution vint me chercher encore ; la solitude était un bienfait trop grand pour un malheureux chrétien.

Le fils d'Ali avec plusieurs cavaliers vinrent me donner ordre de me lever et de les suivre. Je les suppliai de me laisser où j'étais, ne fût-ce que pour quelques heures, mais il firent peu d'attention à ce que je disais, et après quelques mots menaçants un d'eux tira un pistolet d'un sac de cuir attaché au pommeau de sa selle, et le dirigeant vers moi, lâcha deux fois la détente. Il le faisait avec tant de sang-froid que je me demandais si ce pistolet était chargé. Il l'arma une troisième fois et frappait la pierre à feu avec un morceau d'acier, quand je le suivis. Nous trouvâmes Ali fort en colère dans sa tente. Il demanda le pistolet du Maure, et s'amusa pendant quelque temps à lever et à faire tomber le couvre-bassinet. Prenant enfin sa poire à poudre, il l'amorça, et se tournant vers moi d'un air de menace, il dit en arabe quelque chose que je ne compris pas. Je chargeai mon domestique de savoir quelle offense j'avais commise, et j'appris que je m'étais éloigné du camp sans la permission d'Ali, je leur avais inspiré le soupçon que je cherchais à m'évader : enfin il me fut signifié que si j'étais vu encore hors des limites du camp, des ordres étaient donnés pour que la première personne me fusillât.

Dans l'après-midi, l'horizon à l'est était chargé et épais; les Maures pronostiquèrent un vent de sable, qui en effet s'éleva le matin suivant et dura deux jours, sans le moindre répit; la force du vent n'était pas très grande, c'était ce que les marins appellent une *forte brise*, mais la quantité de sable et de poussière qu'il poussait devant lui était telle qu'elle obscurcissait entièrement l'atmosphère. Le vent la portait de l'est à l'ouest dans un courant non interrompu, et l'air était quelquefois si épais et si plein de sable, qu'il était difficile de voir les tentes voisines. Comme les Maures font toujours leur cuisine en plein air, ce sable tombait abondamment dans le couscous, et s'attachait promptement à la peau humide de transpiration. Les Maures se roulent autour de la figure un linge pour ne pas respirer et avaler le sable, et tournent le dos au vent quand ils regardent en l'air pour empêcher le sable de leur tomber dans les yeux. Vers ce temps, toutes les femmes du camp se teignirent les pieds et le bout des doigts d'une couleur safran foncé. Je ne pus jamais savoir si c'était prescription religieuse ou parure.

Le 28 mars, au matin, un grand troupeau de bétail arriva de l'est, et un des conducteurs à qui Ali avait prêté mon cheval entra dans la hutte avec une patte d'antilope pour présent, et me dit que mon cheval était devant la tente d'Ali. Peu de temps après, Ali envoya un esclave pour me faire savoir que dans l'après-midi, je devais être prêt à monter à cheval avec lui, car il avait le projet de me faire voir à quelques-unes de ses femmes.

A quatre heures à peu près, Ali avec six de ses courtisans vint à cheval à ma hutte et me dit de le suivre.

Nous visitâmes les tentes de quatre dames, et chacune d'elles me présenta une tasse de lait et d'eau. Toutes ces dames étaient d'une corpulence remarquable, ce qui est ici considéré comme une grande beauté. Elles furent très curieuses, et examinèrent avec la plus vive attention mes cheveux et ma peau; mais elles affectaient de me considérer comme une espèce très inférieure à leur race, fronçaient le sourcil et paraissaient épouvantées quand elles voyaient la blancheur de ma peau. Dans le cours de l'excursion de ce soir-là, ma mine et mon costume donnèrent une grande gaîté à la compagnie, qui galoppait autour de moi comme si j'étais un animal sauvage traqué. Ils brandissaient leurs fusils autour de leur tête, et déployaient de toutes façons leur activité et leur habileté à cheval, comme pour exercer leurs prouesses sur un pauvre captif.

Les Maures sont certainement bons cavaliers et montent hardiment. Leurs selles étant devant et derrière plus élevées, leur fournissent un siège commode et sûr, car s'il leur arrive de tomber, le sol est tellement doux et sablonneux qu'ils se blessent rarement.

10.

Leur plus grand orgueil consiste à arrêter, pendant le plus grand galop, leur cheval tout court, tellement qu'il ploie sur ses hanches. Ali montait toujours un cheval blanc qui avait la queue teinte en rouge. Il n'allait jamais à pied, si ce n'est pour dire ses prières, et même la nuit deux ou trois chevaux étaient toujours tenus sellés à une petite distance de sa tente. Les Maures mettent un grand prix à leurs chevaux, car c'est grâce à leur rapidité supérieure qu'ils peuvent faire des incursions de pillage dans les pays nègres. Ils leur donnent à manger trois ou quatre fois par jour, et le soir une grande quantité de lait doux, que les chevaux paraissent aimer beaucoup.

Le 3 avril, dans l'après-midi, un enfant qui était malade depuis quelque temps mourut dans la tente voisine de la mienne, et la mère avec les parents commencèrent aussitôt les hurlements de mort. Nombre de femmes étrangères vinrent se joindre à elles et prendre part à ce concert mélancolique. Je n'eus pas l'occasion de voir l'enterrement, qui ordinairement se fait en secret, à la brume, et souvent à quelques pas de distance seulement de la tente. Ils plantent sur ce tombeau un arbuste particulier, et il n'est permis à aucun étranger d'en cueillir une feuille ou même de la toucher, tant leur vénération pour les morts est grande.

Le 7 avril, à quatre heures de l'après-midi environ, une trombe passa sur le camp avec une telle violence qu'elle renversa trois tentes et m'enleva la moitié de ma hutte. Ces tourbillons viennent du Grand-Désert et sont tellement fréquents à cette saison de l'année, que j'en ai vu cinq ou six en un seul jour : ils élèvent le sable à une hauteur prodigieuse, et il semble que l'on voit de loin des colonnes de fumée mouvante.

La chaleur poignante du soleil reflétée par un terrain sec et sablonneux rend l'air étouffant. Ali m'ayant pris mon thermomètre, je n'avais aucun moyen de m'en faire une idée précise, mais au milieu du jour, quand les rayons du soleil vertical sont secondés par le vent brûlant du Désert, le sol est chauffé à un tel degré qu'il n'y a pas moyen d'y tenir le pied nu. Les nègres esclaves eux-mêmes ne passeraient pas en courant d'une tente à l'autre sans leurs sandales. A cette heure du jour, les Maures gisent étendus de tout leur long dans leurs tentes, endormis ou immobiles. J'ai souvent éprouvé des vents si chauds que je ne pouvais tenir ma main dans le courant d'air qui entrait par les fentes de ma hutte sans que je sentisse une certaine douleur.

Le 8 avril, le vent souffla du sud-ouest, et dans la nuit nous eûmes une averse abondante accompagnée de tonnerre et d'éclairs.

Le 10 avril, on battit le tabala ou grand tambour, pour annoncer un mariage qui avait lieu dans une tente voisine. Un grand nombre de gens étaient réunis, mais ce n'était point là cette gaîté et cet entraînement qui règne dans une noce nègre. Il n'y avait ni chant, ni danse, ni divertissement d'aucune espèce, tant que je pus voir. Une femme battait le tambour, et les autres s'y joignant à certains temps, formant un chœur de cris aigus, et agitant en même temps leurs langues d'un côté de la bouche à l'autre avec une grande vivacité. J'en fus bientôt las et je m'en retournai à ma hutte, où j'étais assis et presque endormi, quand une femme, qui tenait à sa main une tasse de bois, entra et m'annonça qu'elle m'apportait un présent de la part de la mariée. Avant que je fusse remis de la surprise que me causait le messager, la femme me jeta en plein à la face le contenu de la tasse. M'étant aperçu que c'était exactement l'eau bénite dont parmi les Hottentots les prêtres arrosent, dit-on, un nouveau couple, je soupçonnai que la vieille femme était poussée par la malice ou la méchanceté, mais elle me donna sérieusement à entendre que c'était une bénédiction nuptiale de la façon de la mariée elle-même, faveur que les jeunes Maures non mariés reçoivent toujours comme une grande marque de distinction. Puisqu'il en était ainsi, je m'essuyai le visage et envoyai mes remerciements à l'épousée. Le tambour nuptial continua et les dames chantèrent ou sifflèrent toute la nuit. A neuf heures du matin environ, la femme fut emmenée en cérémonie à la tente de sa mère, suivie de beaucoup de femmes qui portaient sa tente (présent du mari), d'autres portaient les poteaux, d'autres les cordes. De cette façon et toujours sifflant comme d'abord, elles arrivèrent à la place marquée pour la résidence de la mariée et y dressèrent sa tente. Le mari venait après avec nombre d'hommes qui conduisaient quatre taureaux, qu'ils attachèrent aux cordes de la tente ; ensuite en ayant tué un, dont ils distribuèrent la viande au peuple, la cérémonie fut terminée.

XI.

Observations sur Moussa et Tombouctou. — La route de Maroc à Benoûm. — Mungo-Park souffre de la faim. — Ali transporte son camp dans le nord.

Il y avait un mois que je languissais dans le camp des Maures, n'ayant pour nourriture qu'une gamelle de couscous qu'on m'apportait tous les soirs à minuit et que je partageais avec Demba et Johnson. On était au temps du rhamadan; les Maures trouvaient bon que moi, chrétien, j'observe la loi comme eux et que je jeûnasse. Le 16 avril, Ali voyant que Fatima ne venait point, quitta sans bruit son camp de Benoûm pour aller la chercher. Il annonça qu'il serait de retour dans dix jours.

Avant son départ, les noirs de la ville de Benoûm vinrent, suivant leur coutume annuelle, représenter leurs armes et apporter le tribut fixe d'étoffes et de blé. Ils étaient mal armés; vingt-deux avaient des mousquets, quarante ou cinquante des arcs et des flèches. Il y avait à peu près le même nombre d'hommes et d'enfants portant seulement des piques. Ils se rangèrent devant la route, où ils attendirent que les armes fussent examinées et que quelques petites querelles fussent apaisées.

Le 18 avril, deux jours après le départ d'Ali, un chérif arriva avec du sel et quelques autres articles de

Walet, capitale du royaume de Birou. Comme il n'y avait aucune tente préparée pour lui, il établit sa demeure dans la même hutte que moi. Il me parut être un homme bien informé, et sa connaissance des langues arabe et bambara l'avaient mis à même de voyager en sûreté dans nombre de royaumes, car bien que sa résidence fût Walet, il avait visité Houssa, et Tombouctou avait été pendant quelques années son séjour habituel. Comme je m'informai de la distance qui séparait Walet de cette ville, il me demanda si j'avais l'intention de voyager de ce côté, et sur ma réponse affirmative, il secoua la tête et me dit que cela ne pourrait se faire, car là les chrétiens étaient regardés comme les enfants du diable et les ennemis du prophète. J'appris de lui les particularités suivantes : Houssa était, suivant lui, la plus grande ville qu'il eût jamais vue ; Walet était plus grande que Tombouctou ; mais son commerce consiste principalement en sel, Walet n'était pas aussi fréquenté par les étrangers ; entre Benoûm et Walet il y avait dix journées de marche, mais la route ne traversait aucune ville remarquable, et les voyageurs s'y nourrissaient de lait qu'ils achetaient aux Arabes, gardiens de troupeaux, près des lieux où il y a de l'eau. Deux de ces journées se passaient dans une contrée de sable et sans eau absolument. De Walet à Tombouctou il comptait onze journées, mais l'eau y était plus abondante et l'on voyageait d'ordinaire sur des taureaux. Il me dit qu'il y avait beaucoup de Juifs à

Tombouctou, mais qu'ils parlaient arabe et priaient comme les Maures. Il me désignait souvent du doigt le sud-est ou plutôt l'est par le sud, me faisant remarquer que Tombouctou était situé dans cette direction, et bien que je lui fisse répéter ce renseignement à plusieurs reprises, il ne varia jamais, ou bien ce fut de très peu de chose, et au sud alors.

Le 24 avril, au matin, le chérif Sidi-Mahomed-Moura-Abdallah, natif de Maroc, arriva avec cinq taureaux chargés de sel. Il avait autrefois habité pendant trois mois Gibraltar, où il avait ramassé assez d'anglais pour se faire comprendre. Il m'apprit qu'il avait été cinq mois à venir de Santa-Cruz, mais qu'une grande partie de ce temps avait été occupée au commerce. Quand je le priai de m'énumérer les jours qu'il avait employés dans sa route de Maroc à Benoûm, il me donna le détail qui suit : pour aller à Soucra, trois jours ; à Agadir, trois ; à Djiniken, dix ; à Nadenoun, quatre ; à Lakenerg, cinq ; à Ziriwin-Zouman, cinq ; à Tischit, dix ; à Benoûm, dix ; en tout cinquante jours : mais les voyageurs restent ordinairement plus longtemps à Djiniken et à Tischit. C'est dans ce dernier lieu qu'ils tirent le sel de roche, qui est un si grand article de trafic avec les nègres.

En causant avec ce shérif et les divers étrangers qui venaient au camp, je passai mon temps plus aisément que d'abord. D'un autre côté, comme le soin de ma cuisine était maintenant entièrement entre les mains des esclaves d'Ali, sur lesquels je n'avais aucune autorité, je me trouvai assez mal nourri, plus mal enfin que le mois d'avant, car deux nuits successives ils négligèrent de m'envoyer ma ration, et bien que mon domestique eût été dans une petite ville près du camp, demandant avec instance de hutte en hutte, il ne put se procurer qu'une poignée de noix de terre, qu'il partagea avec moi. La faim est dans les premiers moments une sensation à coup sûr très douloureuse, mais quand elle dure un certain temps elle est remplacée par de la débilité et de la langueur. Dans ce cas, une gorgée d'eau, en tenant l'estomac tendu, rétablit et ranime les esprits et fait cesser pour un temps toute espèce de malaise. Johnson et Demba étaient très abattus. Ils restaient étendus sur le sable dans un sommeil de torpeur, et même quand le couscous arriva j'éprouvai quelque difficulté à les réveiller. Je ne me sentais point accablé de sommeil, mais j'étais affecté d'une respiration profonde et convulsive, pareil à un soupir continuel, et ce qui m'alarmait plus encore, ma vue devenait trouble, et quand je voulais me mettre sur mon séant je me sentais près de m'évanouir. Ces symptômes ne disparurent que plusieurs jours après celui où la nourriture me fut rendue.

Nous étions depuis quelques jours dans l'attente d'Ali, qui venait de Sahil (le pays du nord) avec sa femme Fatima. Pendant ce temps, Mansong, roi de Bambara, avait envoyé demander à Ali une troupe de cavaliers pour l'aider à assiéger Djidingouma. Non-seulement Ali avait rejeté cette demande, mais il avait traité les envoyés avec beaucoup de hauteur et de dédain ; alors Mansong avait entièrement renoncé à assiéger la ville pour ne penser qu'à châtier Ali de son insolence.

Les choses étaient dans cette position, quand le 29 avril un messager arriva à Benoûm avec la désagréable nouvelle que l'armée bambara approchait des frontières du Ludaniar. Cette nouvelle jeta tout le pays dans la confusion, et dans l'après-midi le fils d'Ali arriva à Benoûm avec vingt cavaliers environ. Il donna ordre d'éloigner immédiatement tout le bétail, de ployer les tentes, et de se tenir prêt à partir le lendemain matin au point du jour.

Le 30 avril, dès que le jour parut, tout le camp était en mouvement. Le bagage était porté par des taureaux, les deux portions de la tente étant placées chacune d'un côté, et les différents articles de bois dépendant de la tente distribués de la même façon. L'étoffe de la tente était jetée sur le tout, et par-dessus tout cela étaient assises une ou deux femmes, car les femmes maures sont très mauvaises marcheuses. Les favorites du roi étaient montées sur des chameaux, ayant une selle d'une construction particulière et une espèce de dais pour les garantir du soleil. Nous marchâmes au nord jusqu'à midi. A cette heure, le roi ordonna que tout le cortége, deux tentes exceptées, entrât dans un bois épais et bas, qui était à notre droite. On m'envoya avec les deux tentes, et j'arrivai le soir dans une ville nègre nommée *Farani*, où nous dressâmes les tentes dans un lieu ouvert, à peu de distance de la ville.

Le trouble et la confusion avaient empêché les esclaves d'accommoder la même quantité de vivres, et de crainte que leurs provisions séchées ne fussent épuisées avant d'arriver au lieu de la destination (car personne autre qu'Ali et les chefs ne savaient encore où nous allions), ils jugèrent à propos de me faire observer un jeûne d'un jour encore.

Le 1er mai, comme j'avais des raisons de craindre que ce jour ne fût encore considéré comme jour d'abstinence, j'allai le matin à la ville nègre de Farani, et demandai au douty quelques provisions: il me les donna sur-le-champ, et m'invita à venir chaque jour chez lui tant que je serais dans le voisinage. Ces gens hospitaliers sont regardés par les Maures comme une race abjecte d'esclaves, et traités en conséquence. Deux des esclaves de la maison d'Ali, homme et femme, qui étaient venus aussi avec les deux tentes, allaient ce matin faire boire le bétail aux puits de la ville, où l'eau commençait à s'épuiser; quand les femmes nègres aperçurent le bétail, elles prirent leurs pots et s'enfuirent à toutes jambes du côté de la ville, mais, avant d'y pouvoir entrer, elles furent arrêtées par les esclaves qui les contraignirent à rapporter l'eau qu'elles avaient tirée pour la mettre dans les auges des bestiaux : quand cette eau fut bue, ils ordonnèrent à ces femmes de puiser de l'eau jusqu'à ce que toutes les bêtes fussent désaltérées, et la femme esclave maure brisa deux vases de bois sur la tête des filles noires, parce qu'elles tardaient un peu à obéir à ses ordres.

Le 3 mai, nous quittâmes le voisinage de Farani, et, après un circuit par les bois, nous arrivâmes dans l'après-midi au camp d'Ali : il était plus étendu que celui de Benoûm, et situé dans un bois épais, éloigné de deux milles environ d'une ville nègre nommée *Boubaker*. Je me rendis immédiatement près d'Ali pour présenter mes respects à la reine Fatima, qui était arrivée avec lui de Sahil. Il parut très satisfait de mon arrivée, me serra les mains et dit à sa femme que j'étais chrétien : elle était de la race arabe, ses cheveux étaient longs et noirs et sa corpulence remarquable. Elle me sembla d'abord révoltée de la pensée qu'elle avait vu un chrétien si près d'elle, mais quand, par le moyen d'un nègre qui parlait l'arabe et le mandingue, je lui eus répondu à plusieurs questions que la curiosité lui suggérait, relativement aux pays des chrétiens, elle fut plus à son aise et me fit apporter une tasse de lait, ce que je regardai comme de très favorable augure.

La chaleur était alors intolérable : toute la nature semblait y succomber. Le pays au plus loin présentait à la vue une morne étendue de sable, où étaient par-ci par-là des arbres rabougris et des buissons épineux, à l'ombre desquels les bestiaux affamés tondaient le gazon flétri, tandis que les chameaux et les chèvres en broutaient le maigre feuillage. L'eau était plus rare ici qu'à Benoûm ; jour et nuit les puits étaient encombrés de bestiaux mugissant et se battant pour approcher des auges. La soif excessive en rendait quelques-uns furieux ; d'autres, trop faibles pour avoir de l'eau par la force, essayaient de calmer leur soif en dévorant la fange noire des creux des puits, ce qu'ils faisaient avidement, bien que cela leur fût fatal.

Cette grande disette d'eau se faisait sévèrement sentir à tous les hommes du camp, mais à personne plus qu'à moi, car bien qu'Ali m'eût fait donner une peau pour renfermer de l'eau, et que Fatima m'en eût légèrement approvisionné une ou deux fois quand j'en manquais, cependant telle était la barbarie des Maures quand ils étaient aux puits, que quand mon domestique cherchait à remplir mon outre, il était vigoureusement battu pour sa présomption. Chacun était surpris que l'esclave d'un chrétien essayât de puiser de l'eau à des puits creusés par les sectateurs du prophète. Ce traitement finit par effrayer tellement le domestique que je crois qu'il eût mieux aimé périr de soif que de tenter encore de remplir l'outre. Il se contenta donc de demander en mendiant de l'eau aux esclaves nègres qui servaient le camp. Je suivis son exemple ; mais ce fut avec assez peu de succès, car bien que je ne laissasse échapper aucune occasion, et que je fusse très pressant dans mes sollicitations avec les Maures et avec les nègres, j'étais fort mal approvisionné et passais souvent les nuits dans la situation de Tantale. Une nuit, après avoir en vain demandé de l'eau dans le camp, et me sentant dévoré par la fièvre, je résolus d'aller tenter fortune aux puits qui étaient à un demi-mille du camp. Je partis donc à minuit, et me guidant sur les mugissements des bestiaux, j'arrivai bientôt à ce lieu où je trouvai les Maures très occupés à tirer de l'eau. Je demandai la permission de boire, mais on me repoussa avec des outrages. Toutefois, passant d'un puits à un autre, je vins enfin à un puits où il n'y avait qu'un vieillard et deux petits garçons. Je fis la même demande à cet homme et il me puisa sur-le-champ un seau d'eau ; mais comme j'allais le saisir, il se ressouvint que j'étais chrétien, et craignant que le contact de mes lèvres ne polluât son seau, il jeta l'eau dans une des auges en me disant d'y boire ; bien que cette auge ne fut pas des plus grandes, et que trois vaches y fussent déjà à se désaltérer, je résolus d'y prendre ma part, et m'agenouillant, je passai ma tête entre deux vaches, et bus avec grand plaisir jusqu'à ce que l'eau fût presque entièrement épuisée. Les vaches alors se disputèrent la dernière gorgée.

C'est dans des incidents de cette nature que je passai le mois de mai, durant lequel ma situation ne reçut aucun changement. Ali me considérait toujours comme son prisonnier légitime, et Fatima, bien qu'elle me fît donner une plus grande quantité de vivres que je n'étais habitué à en recevoir à Benoûm, n'avait encore rien dit au sujet de ma délivrance : cependant les fréquentes variations du vent, les nuages qui s'amoncelaient et les éclairs lointains, en même temps que d'autres signes de l'approche de la pluie, annonçaient que la saison humide était très imminente : c'est dans cette saison que les Maures évacuent le pays des nègres, et retournent sur les confins du Grand-Désert. Ceci me fit penser que mon sort allait se décider par une crise, et je me déterminai à attendre l'événement sans inquiétude apparente ; mais des circonstances se présentèrent qui occasionnèrent en ma faveur un changement plus prompt que je ne l'avais prévu ou espéré. Par suite des événements de la guerre, Ali devait aller à Jarra, et par le moyen de Fatima qui s'occupait beaucoup des affaires, et aussi était émue de compassion pour moi, j'obtins d'accompagner Ali. Mes bagages furent tirés du grand sac de peau de vache qui était dans le coin de la tente d'Ali, et il m'ordonna d'expliquer l'usage de chacun des objets, et de montrer la manière de mettre les bottes, les bas, etc. Je fis tout avec empressement, puis on me dit qu'au bout de quelques jours je serais libre de partir.

Persuadé que, une fois à Jarra, je trouverais bien

moyen de m'échapper, je me livrai alors à l'espérance de me voir ma captivité bientôt à son terme, et comme je n'ai point été trompé dans cet espoir, je vais m'arrêter pour présenter dans leur ensemble des observations sur les Maures et sur le pays.

XII.

Réflexions sur les Maures et sur le Grand-Désert et les animaux qu'on y trouve.

En temps de paix, les Maures sont pasteurs et ne s'occupent que du soin de leurs troupeaux. Ils passent alternativement de la voracité à l'abstinence. Les jeûnes rigoureux que leur religion prescrit les rendent capables d'endurer longtemps la faim. Ils fabriquent une étoffe très forte, dont ils couvrent leurs tentes et qui provient du poil des chèvres, filé. Ils paient les armes qu'ils achètent aux européens, par des nègres qu'ils enlèvent dans les royaumes voisins.

A Benoûm, il n'y a point de mosquée, les prières s'y font dans une enceinte formée de nattes et découverte; celui qui y préside est à la fois le prêtre et le maître d'école. Les esclaves écrivent sur des planchettes, qu'ils portent toujours pendues derrière le dos. Quand un jeune sait quelques prières et lire et écrire certains passages du Koran, son éducation est terminée.

Pour les Maures, la suprême beauté c'est l'embonpoint. Une femme qui n'a besoin que de deux esclaves pour se mouvoir, ne peut avoir que des prétentions modérées; mais celle à qui il faut au moins un chameau pour la porter est reconnue pour une beauté parfaite. Les mères forcent leurs filles à manger tous les matins beaucoup de couscous et à boire une grande jatte de lait de chameau, ce qui produit bientôt dans les jeunes filles cette graisse si désirable pour un Maure. Les femmes n'ont pour tout vêtement qu'un pagne roulé autour du corps.

Les Maures de Ludaniar n'ont rien de distinct dans leurs costumes ; ils portent le turban de toile blanche et leur coquetterie consiste à avoir une belle barbe. Leur richesse est dans leurs troupeaux. Pour l'entretien de sa maison, le roi perçoit des taxes sur tout, jusque sur les karrées qui sont les lieux où l'on puise de l'eau. Ce qui fait la force de Ludaniar, c'est sa cavalerie. Les cavaliers n'ont d'autre paye que ce qu'ils enlèvent par le pillage. Les chevaux Maures sont extrêmement beaux, et les princes nègres pour en avoir un, donnent quelquefois jusqu'à quatorze esclaves.

Le Ludaniar est borné au nord par le Sahara. Cette mer de sable qui occupe un si grand espace est à peu près inhabitée. A part les oasis qui sont comme des îles de végétations, le reste en est dépourvu. Le voyageur ne voit que le ciel et le sable qui s'étend à perte de vue. La gazelle et l'autruche sont les seuls animaux qu'on y rencontre, et le seul animal domestique qui peut résister à la fatigue de la marche dans le sable et sous un soleil de feu, c'est le chameau.

XIII.

Ali part pour Jarra et Mungo-Park le suit. — Il est pris par les Maures et finit enfin par se sauver.

Ayant, comme je l'ai dit, obtenu la permission d'accompagner Ali à Jarra, je pris congé de la reine Fatima, qui me rendit de très bonne grâce une partie de mon costume, et le soir avant mon départ mon cheval sellé et bridé me fut envoyé par l'ordre d'Ali.

Le 26 mai, au matin, de bonne heure, je partis du camp de Boubaker, accompagné de mes deux serviteurs, Johnson et Demba, et nombre de Maures à cheval. Ali, accompagné de cinquante cavaliers, avait quitté le camp pendant la nuit. Nous fîmes halte à midi environ à Farani, et là douze Maures montés sur des chameaux se joignirent à nous, et avec eux nous allâmes à une aiguade dans les bois où nous rejoignîmes Ali et ses cinquante cavaliers. Ils étaient logés dans quelques humbles tentes de bergers auprès du puits. Comme la compagnie était nombreuse, les tentes pouvaient à peine nous recevoir tous, et je reçus l'ordre de coucher en plein air, au centre des tentes, dans un lieu couvert et où chacun pouvait voir mes moindres mouvements. Pendant la nuit il y eut beaucoup d'éclairs dans le nord-est, et au point du jour un violent vent de sable commença à souffler, et continua avec la même véhémence jusqu'à quatre heures de l'après-midi. La quantité de sable que ce vent porta dans l'ouest durant cette journée doit avoir été prodigieuse. Il était impossible par moments de lever les yeux en l'air, et les bestiaux étaient tellement tourmentés par les particules qui se logeaient dans leurs yeux ou dans leurs oreilles, qu'ils couraient çà et là comme s'ils étaient enragés, et que j'étais dans un danger continuel d'être écrasé par eux.

Le 28 mai, le matin, de bonne heure, les Maures sellèrent leurs chevaux, et le chef des esclaves d'Ali me donna l'ordre de me tenir prêt. Peu de temps après cet envoyé revint, et prenant mon petit domestique par les épaules, il lui dit en mandingue que : « Ali était son maître à l'avenir ; » puis se retournant vers moi : « L'affaire est arrangée, au moins, dit-il, l'enfant et tout, hormis votre cheval, retournent à Boubaker ; mais vous pouvez emmener ce vieil imbécile (il me montrait Johnson) avec vous à Jarra. » Je ne répondis point, mais affligé au-delà de toute expression de l'idée de perdre mon pauvre petit domestique, je courus vers Ali qui était à déjeuner devant sa tente, au milieu de plusieurs de ses courtisans. Je lui dis, d'un ton peut-être trop passionné, que quelle que fût l'imprudence dont je pouvais être coupable en venant dans ce pays, je pensais en avoir été déjà suffisamment puni par une si longue détention et par la privation d'une partie de mon bien : tout cela toutefois ne m'affectait point, comparativement à ce qu'on venait de me faire. Je fis remarquer que l'enfant sur lequel on avait mis la main n'était point esclave, et n'avait été accusé d'aucune faute : qu'il était un de mes serviteurs, et que ses fidèles services dans ce pays lui avaient procuré son affranchissement. Sa fidélité et son attachement l'avaient fait me suivre dans la position où je me trouvais, et comme il comptait sur ma protection, je ne pouvais, dis-je en terminant, le voir privé de sa liberté sans protester contre un tel acte comme étant le comble de l'injustice et de la cruauté. Ali ne répondit point, mais d'un air hautain et avec un sourire méchant, il me fit dire par son interprète que si je ne montais pas à cheval immédiatement, il me renverrait dans la situation ou j'étais. Il y a dans le froncement de sourcil d'un tyran quelque chose qui va éveiller les plus secrètes émotions du cœur, je ne pus cacher mes sentiments, et formai cette fois, dans mon indignation, le vœu de délivrer la terre d'un tel monstre.

Le pauvre Demba n'était pas moins affecté que moi. Il m'avait voué un très fort attachement, et possédait une gaîté de caractère qui souvent abrégeait les longues heures de la captivité. Il était aussi assez avancé dans la langue bambara, et devait m'être à l'avenir d'une grande utilité pour cela encore. Il était inutile d'attendre quelque chose de favorable à l'humanité de la part des gens qui ignorent entièrement ses lois. Ayant donc donné de cordiales poignées de main à ce malheureux enfant, et mêlé mes larmes aux siennes, en lui donnant l'assurance que je ferais tout mon possible pour le racheter, je le vis partir avec trois des esclaves d'Ali pour le camp de Boubaker.

Quand les Maures furent à cheval, je reçus l'ordre de les suivre, et après une journée fatigante à travers les bois, par un temps brûlant, nous arrivâmes dans l'après-midi à un village muré nommé *Doumbani*, où nous restâmes deux jours pour attendre l'arrivée de quelques cavaliers.

Le 1er juin, nous partîmes de Doumbani pour Jarra. Notre troupe s'élevait maintenant à deux cents hommes, tous montés. Ils paraissaient propres à de grandes fatigues, mais leur manque de discipline fit que notre voyage à Jarra ressembla plus à une chasse au renard qu'à une marche militaire.

A Jarra je me logeai chez ma vieille connaissance Daman-Jumma, et je lui appris tout ce qui m'était arrivé. Je le priai tout particulièrement d'user de son influence auprès d'Ali pour racheter mon esclave, et lui promis une traite chez le docteur Laidley pour la valeur de deux esclaves, au moment où le mien serait à Jarra. Daman s'empressa de négocier cette affaire; mais il découvrit qu'Ali regardant ce domestique comme mon principal interprète, il ne voulait pas s'en séparer de peur qu'il ne me retombât entre les mains, et ne servît à me conduire dans le Bambara. Ali remit donc l'affaire de jour en jour, mais tout en disant à Daman que, s'il désirait acheter l'esclave pour son usage, il l'aurait plus tard, au prix ordinaire d'un esclave ; et Daman consentit à lui payer quand Ali l'aurait renvoyé à Jarra.

Le principal objet du voyage d'Ali à Jarra était le prélèvement d'un impôt. Aussi dès le soir, 2 juin, le tambour parcourut la ville, et le crieur annonça que si quelqu'un laissait aller son bétail dans les bois avant que le roi eût choisi la part à laquelle chacun était imposé, sa maison serait mise au pillage et ses esclaves enlevés. Le peuple n'osa pas désobéir à cette proclamation, et le lendemain matin environ deux cents de leurs plus beaux bestiaux furent choisis et livrés aux Maures.

Le 8 juin, dans l'après-midi, Ali m'envoya son esclave en chef me dire qu'il était sur le point de retourner à Boubaker, mais que, comme il n'y resterait que peu de jours, et seulement pour assister au banquet solennel (*Banna Sali*), et qu'il reviendrait à Jarra, il m'était permis de rester à Jarra jusqu'à son retour avec mon ami Daman. Ce fut pour moi une joyeuse nouvelle ; mais j'avais éprouvé tant de désappointements que je ne voulais pas céder à l'espérance de la voir se réaliser, quand Johnson vint m'apprendre qu'Ali et une partie des cavaliers venaient de sortir de la ville, et que le reste devait suivre dans la matinée.

Le 9 juin, de bonne heure en effet, le reste des

Maures quitta Jarra. Ils avaient, durant leur séjour, commis plusieurs vols ; et ce matin même, avec une audace sans égale, ils s'emparèrent de trois filles qui rapportaient de l'eau du puits et les emmenèrent en esclavage.

L'anniversaire de Banna Sali à Jarra méritait bien d'être appelé une réjouissance. A cette occasion, les esclaves étaient élégamment vêtus, et les chefs de maison luttaient de magnificence en approvisionnements de vivres qu'ils distribuaient à leurs voisins avec la plus grande profusion. La faim était littéralement bannie de la ville, et femmes, hommes, enfants libres ou esclaves en avaient autant qu'ils pouvaient manger.

Le 12 juin, deux hommes horriblement blessés furent trouvés près du puits dans les bois. Un d'eux venait de rendre le dernier soupir ; l'autre fut transporté vivant à Jarra. Quand il fut un peu remis, il raconta des nouvelles sinistres du Kasson, où beaucoup d'amis de ceux de Jarra avaient été tués par suite de la guerre. Ces mauvaises nouvelles furent suivies de pires. Ali a refusé cent nègres pour les aider à repousser Dainy, roi de Kaarta, qui voulait marcher sur Jarra : les nègres réunis au nombre de huit cents entrèrent dans le Kaarta le 18 juin.

Le 19 juin, au matin, le vent passa au sud-ouest ; et à environ deux heures de l'après-midi nous eûmes une trombe violente et des coups de tonnerre accompagnés de pluies, ce qui ranima l'aspect de la nature, et donna à l'air une douce fraîcheur. C'était la première pluie qui tombât depuis plusieurs mois.

Comme toutes mes tentatives pour racheter mon domestique avaient jusqu'ici été infructueuses, et probablement continueraient de l'être tant que je serais dans le pays, je pensai qu'il était nécessaire que je pourvusse à ma sûreté avant la venue de la saison des pluies, car mon hôte voyant peu de probabilité d'être payé de sa peine, désirait me voir partir ; et comme Johnson, mon interprète, refusait de pousser plus avant, ma position devenait très difficile.

Si je restais où j'étais, je prévoyais bien que je tomberais victime de la barbarie des Maures, et si je me remettais tout seul en route, il était évident que le manque de moyens de me fournir le nécessaire et le défaut d'un interprète pour me faire comprendre me jetteraient dans d'extrêmes embarras. D'un autre côté, rentrer en Angleterre sans avoir rempli ma mission, était pire que tout cela. Je me déterminai donc à profiter de la première occasion pour m'échapper et me rendre directement dans le Bambara, aussitôt que les pluies auraient tombé quelques jours, de manière à ce que j'eusse la certitude que je trouverais de l'eau dans les bois.

Telle était ma situation lorsque, dans la soirée du 24 juin, je tressaillis au bruit de quelques coups de fusil tirés près de la ville, et quand j'en demandai la raison, j'appris que c'était l'armée de Jarra qui venait de combattre Daïny, et que ces décharges de mousqueterie étaient des signes de réjouissance. Cette guerre n'avait été que pillages partiels, et Daïny, non vaincu, arrivait sur Jarra pour venger ses sujets.

Le 26 juin, dans l'après midi, on apprit que Daïny avait pris Simbing, et qu'il serait à Jarra dans le cours du lendemain. Tout aussitôt on plaça un grand nombre d'hommes sur les hauteurs et dans différents passages conduisant à la ville pour donner de prompte nouvelles des mouvements de Daïny, et les femmes se mirent à faire tous les préparatifs nécessaires pour quitter en peu de temps la ville. Elles battirent le blé et empaquetèrent leurs effets toute la nuit, et le matin, de bonne heure, la moitié environ des habitants prit le chemin de Bambara par la route de Dina.

Leur départ fut très touchant : les femmes et les enfants criaient; les hommes étaient silencieux et abattus, et tous jetaient en arrière de tristes regards sur leur ville natale, et sur ces puits et ces rochers que leur ambition n'avait jamais songé à quitter, et où ils avaient formé tous leurs projets de bonheur, qu'il leur fallait à présent abandonner pour chercher un refuge chez les étrangers.

Le 27 juin, à onze heures de l'après-midi environ, nous fûmes alarmés par les sentinelles qui nous annoncèrent que Daïny était en marche sur Jarra, et que l'armée confédérée des nègres et des Maures avait fui devant lui sans tirer un seul coup de fusil. La terreur des habitants à cette nouvelle est difficile à décrire. En effet, les hurlements des femmes et des enfants, ainsi que la confusion et le tumulte qui étaient partout, pouvaient bien me faire soupçonner que les Kaartans étaient déjà dans la ville; et bien que j'eusse toute raison possible d'être satisfait de la conduite qu'avait tenue Dainy avec moi pendant mon séjour à Kemmou, je n'étais nullement désireux de m'exposer à la merci de son armée, qui eût très bien pu dans ce trouble général me prendre pour un Maure. Je montai donc à cheval, et prenant devant moi un grand sac de blé, je suivis lentement les fugitifs jusqu'au pied d'une montagne de rochers où je descendis et conduisis mon cheval devant moi.

Parvenu au sommet, je m'assis, et à cette vue générale de la ville et de la contrée environnante, je ne pus m'empêcher de déplorer la situation de ces pauvres gens, qui se pressaient autour de moi, chassant devant eux leurs moutons, leurs vaches, leurs chèvres, et emportant avec quelques hardes une mince quantité de provisions. Il y avait grand bruit et plaintives clameurs sur la route, car beaucoup de vieillards et d'enfants ne pouvaient marcher, et il fallait bien les porter ainsi que les malades, à moins d'abandonner ces malheureux à une mort certaine.

Vers cinq heures, nous arrivâmes à une petite ferme nommée *Kadidja*, appartenant aux gens de Jarra, où je trouvai Daman et Johnson occupés à remplir de grands sacs de blé pour être transportés par des taureaux et assurer la subsistance de la famille de Daman sur la route.

Le 26 juin, au point du jour, nous quittâmes Kadidja, et ayant trouvé sans faire halte Troungomba, nous arrivâmes à Queira dans l'après-midi. Je restai deux jours afin de donner le temps de se remettre à mon cheval, que les Maures avaient réduit à l'état d'une parfaite rossinante, et aussi pour attendre l'arrivée de quelques nègres mandingues qui devaient aller en Bambara dans quelques jours.

Dans l'après-midi du 1ᵉʳ juillet, comme je gardais mon cheval dans les champs, le chef esclave d'Ali et quatre Maures arrivèrent à Queira et établirent leur demeure dans la maison du douty. Mon interprète Johnson, qui soupçonna le but de cette visite, envoya pour écouter leur conversation deux enfants, qui apprirent qu'ils venaient pour me remmener à Boubaker. Le même soir, deux des Maures vinrent en cachette regarder mon cheval, et l'un d'eux proposait de le garder dans la hutte du douty, mais l'autre fit observer que cette précaution était peu nécessaire, car je ne pourrais jamais m'échapper sur un tel animal; alors ils demandèrent où je couchais et allèrent rejoindre leurs camarades.

Ce fut un coup de foudre pour moi, car je ne redoutais désormais rien tant qu'une détention parmi les Maures, dont je n'avais plus que la mort à attendre. Je me déterminai donc bien vite à partir pour le Bambara, mesure qui me semblait presque le seul moyen de sauver ma vie et d'atteindre le but de ma mission. Je communiquai ce projet à Johnson, et bien qu'il y applaudît, il était si loin de montrer l'intention de m'accompagner, qu'il protesta qu'il aimerait mieux perdre son salaire que d'aller plus loin. Il me dit que Daman était convenu de lui donner la moitié du prix d'un esclave pour ses services et l'aider à conduire une coffle d'esclaves en Gambie. Il était, ajouta-t-il, résolu de saisir cette occasion de rentrer dans sa famille.

N'ayant aucune espérance de lui faire changer de résolution, je pris le parti de partir seul. A environ minuit je me hâtai donc de réunir mes hardes, deux chemises, deux paires de culottes de matelot, deux mouchoirs de poche, un gilet de dessus, un de dessous, un chapeau et une paire de demi-bottes. Ceci et un manteau composait toute ma garde-robe. Je n'avais pas, du reste, un seul grain de verre ou de corail, pas un objet de quelque valeur en ma possession pour acheter des vivres ou du blé pour mon cheval.

Au point du jour, Jonhson, qui avait écouté les Maures toute la nuit, vint et me dit tout bas qu'ils dormaient. La terrible crise était donc arrivée ; mais continuer de jouir de ma liberté ou retomber en esclavage pour toute ma vie ?... Une sueur froide baigna mon front quand j'envisageai cette alternative, en réfléchissant que de manière ou d'autre mon sort serait décidé dans le cours de cette journée qui allait commencer. Délibérer, c'était perdre l'occasion de fuir. Prenant donc mon paquet, je passai doucement par-dessus les nègres qui dormaient en plein air, et après être monté à cheval, je dis adieu à Johnson, en lui recommandant bien les papiers que je lui avais confiés et en le chargeant de dire à mes amis en Gambie qu'il m'avait laissé bien portant et prenant le chemin de Bambara.

Je marchai avec grande précaution, examinant chaque buisson, prêtant fréquemment l'oreille et regardant derrière moi si je ne voyais pas les cavaliers maures jusqu'à un mille environ de la ville : je fus très surpris alors de me trouver dans le voisinage d'un korri appartenant aux Maures. Les bergers me suivirent pendant un mille environ, me huant et me jetant des pierres. J'étais à peine hors de leur portée et je commençais à espérer que j'étais libre, quand j'entendis avec terreur quelqu'un crier holà ! derrière moi ; je regardai et je vis trois Maures à cheval courant sur mes traces au grand galop, criant et brandissant leurs fusils à deux coups. Je savais qu'il était inutile de songer à m'échapper, je tournai donc bride et allai à leur rencontre ; alors deux d'entre eux s'emparèrent de ma bride, et le troisième me tenant en joue me dit que je devais retourner vers Ali. Quand l'esprit humain a été pendant quelques temps flottant entre l'espérance et le désespoir, torturé par l'anxiété, ballotté d'une extrémité à l'autre, il y a une sorte de soulagement sombre à apprendre le pire qui puisse arriver. Telle était ma situation. Un dégoût de la vie et de toutes les jouissances avaient complétement engourdi mes facultés et je suivais les Maures avec une apparente insouciance ; mais un changement s'opéra plus vite que je n'avais espéré. Comme nous passions près d'un buisson épais, un des Maures m'ordonna de défaire mon paquet et de lui en faire voir le contenu. Après l'avoir examiné ils n'y trouvèrent rien de digne d'eux, à l'exception de mon manteau, qu'ils regardaient comme une très précieuse acquisition, et un d'entre eux me l'ayant pris s'en enveloppa. Ce manteau m'avait été d'une grande utilité ; il servait à me garantir des pluies du jour, et la nuit à me protéger contre les moustiques. Je le conjurai donc de me le rendre et le suivis quelque temps pour tâcher de le ravoir ; mais sans faire la moindre attention, lui et ses compagnons s'en allèrent avec leur prise. Quand je tentais de les suivre, le troisième qui était resté avec moi frappait mon cheval sur la tête, et me mettant en joue il me dit enfin que je n'irais pas plus loin. Je vis bien alors que ces hommes n'avaient eu aucunement la mission de me prendre, mais qu'ils m'avaient poursuivis pour me voler. Tournant donc de nouveau mon cheval vers l'est et après avoir vu le Maure suivre ses complices, je me félicitai, bien que je fusse très misérable, d'avoir échappé avec la vie à cette horde de barbares.

Je ne fus pas plus tôt hors de la vue des Maures, que je pénétrai dans les bois pour éviter de nouvelles poursuites, et poussai avec toute la vitesse possible jusqu'à quelques rochers que je me rappelais avoir vus dans ma première route de Queira à Dina, et me dirigeant un peu dans le nord, j'eus le bonheur de me trouver sur le chemin.

XIV.

Mungo-Park s'enfonce dans le désert, il arrive dans un village foulah. — Il poursuit sa route et arrive à la ville nègre de Wawra.

Il est impossible de décrire la joie qui se répandit en mon âme, quand je regardai autour de moi et conclus que j'étais hors de danger : je me sentis comme convalescent d'une maladie, je respirais plus librement, j'avais dans les membres une légèreté inaccoutumée, le désert même me semblait riant et je ne craignais rien tant que de tomber dans quelques partis errants de Maures qui auraient pu me reconduire dans le pays de voleurs et de meurtriers que je venais de fuir.

Je sentis bientôt toutefois que ma situation était vraiment déplorable, car je n'avais aucun moyen de me procurer des aliments et j'étais sans espérance de trouver de l'eau. Vers dix heures environ, ayant aperçu un troupeau de chèvres qui paissait sur le bord de la route, je fis un détour pour ne pas être vu et je continuai de traverser le désert, me dirigeant au moyen de la boussole vers l'est-sud-est, afin d'atteindre aussitôt que possible quelque ville ou village du royaume de Bambara.

Un peu après-midi, heure à laquelle la brûlante

ardeur du soleil était reflétée avec une double violence par le sable brûlant et les rangées lointaines de montagnes qu'on apercevait à travers les vapeurs montantes qui semblaient ondoyer et flottaient comme une mer agitée, je m'évanouis presque de soif, et m'efforçai de grimper sur un arbre dans l'espoir de voir une fumée éloignée ou quelque autre apparence d'habitation humaine ; mais en vain, je ne vis rien que des taillis épais et des collines de sable blanc.

A quatre heures environ, je me trouvai à l'improviste près d'un grand troupeau de chèvres, et, poussant mon cheval dans un buisson, je regardai pour m'assurer si les bergers étaient maures ou nègres. Bientôt j'aperçus deux petits garçons maures, et je les décidai difficilement de s'approcher de moi. Ils m'apprirent que ce troupeau appartenait à Ali, et qu'ils allaient à Dina, où l'eau était plus abondante, et où ils comptaient pouvoir rester jusqu'à ce que la pluie eût rempli les étangs du désert ; ils me montrèrent même leurs outres à eau, et me dirent qu'il n'avaient pas vu d'eau dans le bois. Ce rapport me donna peu de consolation. Toutefois il était inutile de se lamenter, et je poussai aussi vite que je pus dans l'espoir de rencontrer pendant la nuit quelque puits ; ma soif devint encore insupportable : ma bouche était en feu et desséchée, souvent mes yeux devenaient ternes tout à coup, et j'avais d'autres symptômes de défaillance ; mon cheval étant de plus très fatigué, je commençai à craindre sérieusement de périr de soif. Pour soulager le feu de ma gorge, je mâchai les feuilles de plusieurs arbrisseaux, mais toutes étaient amères et de nul service pour moi.

Un peu avant le coucher du soleil, ayant atteint le sommet d'une hauteur facile à monter, je grimpai sur un arbre élevé, du haut duquel je jetai un regard triste sur cette stérile solitude, sans découvrir le moindre vestige d'une habitation. Toujours cette uniformité morne d'arbrisseaux et de sable, et l'horizon aussi uni, aussi illimité que celui de la mer.

Descendu de l'arbre, je trouvai mon cheval qui dévorait avidement des broussailles ; et comme j'étais alors trop épuisé pour songer à essayer de marcher, et que mon cheval était trop las pour me porter; je regardai comme un acte d'humanité (et c'était le dernier qu'il me paraissait possible d'exercer) de lui ôter sa bride et de le laisser s'occuper de lui seul. En cet instant je fus saisi de faiblesse et de vertige, et, tombant sur le sable, je me sentis comme si l'heure de la mort approchait. « Ici donc, me disais-je, après une courte mais im-
« puissante lutte, s'évanouissent toutes mes espé-
« rances d'être utile au présent et à l'avenir. C'est ici
« que doit s'arrêter la courte carrière de ma vie. »
Je jetai, du moins je le crus, un dernier regard sur la scène environnante ; et pendant que je réfléchissais au terrible changement qui allait avoir lieu, ce monde et ces scènes riantes semblaient sortir de ma mémoire. Toutefois la nature finit par reprendre ses fonctions, et

recouvrant mes sens, je me trouvai étendu sur le sable, la bride en main encore, et le soleil venant de tomber derrière les arbres. Je recueillis alors toute ma résolution, et je me déterminai à faire un autre effort pour prolonger mon existence. Comme la soirée était un peu fraîche, je résolus d'aller aussi loin que mes pieds pourraient me soutenir, dans l'espoir de trouver ma seule ressource, un puits. Je mis alors la bride sur le dos de mon cheval, et, le faisant marcher devant moi, je marchai lentement durant une heure, au bout de laquelle j'aperçus un éclair dans le nord-est, vue consolante, car elle promettait de la pluie. Le ciel s'assombrissait vite et sillonnait de fréquents éclairs ; en moins d'une heure le vent commença à rugir dans les bois. J'avais déjà ouvert la bouche pour recevoir des gouttes rafraîchissantes que j'espérais, quand je fus tout à coup couvert d'un nuage de sable poussé par le vent avec une telle force que j'en éprouvai une sensation désagréable à la figure et aux bras ; je fus alors contraint de monter mon cheval et de m'arrêter sous un buisson pour me garantir d'une suffocation. Le sable continua de voler par masses effrayantes pendant une heure, puis je repris ma route, et allai avec difficulté jusqu'à dix heures. Vers cette époque de la journée environ, je fus agréablement surpris par quelques vifs éclairs suivis de larges mais rares gouttes d'eau. En peu de moments le sable s'abattit ; je descendis, et j'étendis tout mon linge propre pour recueillir la pluie qui allait enfin tomber. En effet, il plut abondamment pendant une heure, et j'étanchai ma soif en tordant et suçant mon linge.

Comme il n'y avait pas de lune, il faisait extrêmement sombre, tellement que j'étais obligé de conduire mon cheval et de me diriger à l'aide de la boussole quand les éclairs me permettaient de l'observer. Je voyageai de cette manière assez bon train, jusqu'à minuit. A cette heure, les éclairs devinrent plus rares, et j'étais obligé d'aller à tâtons, au grand risque de mes mains et de mes yeux. A deux heures environ, mon cheval tressaillit; je regardai et ne fus pas peu surpris de voir à une courte distance une lumière dans les arbres, et supposant qu'il y avait là une ville, j'allais tâtonnant au-dessus du sol dans l'espérance de toucher des tiges de blé, du coton ou d'autres apparences de culture; mais je ne sentais rien. Plus j'approchais, plus je voyais des lumières éparses, et je commençai à soupçonner que j'étais tombé dans un parti de Maures. N'importe, dans ma présente situation, j'étais résolu à voir qui ils étaient, si je pouvais le faire avec sûreté. Je conduisis donc avec précaution mon cheval du côté de la lumière, et le mugissement des bestiaux et les hautes paroles des bergers me donnèrent presque la certitude que c'était une case qui appartenait apparemment aux Maures. Quelque délicieuse que fût à mon oreille la voix humaine, je résolus encore une fois de m'enfoncer dans les bois et de courir plutôt le risque de mourir de faim que de me confier à leurs mains ; mais comme j'étais très altéré, et que je redoutais l'approche du jour brûlant, je jugeais prudent de chercher des puits que je m'attendais à trouver à une courte distance. Cette préoccupation fit que je passai si près d'une des tentes, qu'une femme m'apperçut et se mit à crier tout aussitôt. Deux hommes accoururent à son secours de quelques tentes voisines, et passèrent si près de moi que je me crus découvert ; je me hâtai donc de rentrer dans les bois.

A un mille environ de ce lieu, j'entendis à ma droite à peu près un bruit confus mais fort, et bientôt je découvris avec soin qu'il fallait l'attribuer au coassement des grenouilles qui, à mes oreilles, était une céleste musique. Je suivis le bruit et j'arrivai au point du jour à quelques étangs boueux et peu profonds, si pleins de grenouilles, qu'il était difficile de voir l'eau. Leur concert effraya mon cheval, et je fus obligé de le faire cesser en battant l'eau avec une branche, jusqu'à ce que mon cheval eût bu. Après y avoir étanché ma soif, je montai sur un arbre, et j'aperçus bientôt la fumée de la station près des puits que j'avais vus la nuit, et je remarquai une autre colonne de fumée à l'est-sud-est, à douze ou quatorze milles. Je dirigeai ma route vers ce point, et atteignis les terres cultivées un peu avant douze heures : et là je vis nombre de nègres occupés à planter du blé, et m'enquis du nom de la ville. On m'apprit que c'était un village nommé

Schrilla, appartenant à Ali. J'hésitai alors à y entrer : mais comme mon cheval était très fatigué, et que le jour devenait très chaud, pour ne rien dire des angoisses de la faim qui commençaient à m'assaillir, je pris le parti de m'aventurer, et je me dirigeai vers la maison du douty, où malheureusement on refusa de me recevoir, sans même me donner une poignée de blé pour mon cheval ou pour moi. M'éloignant de cette porte inhospitalière, je quittai la ville à pas lents, et apercevant quelques huttes éparses hors des murs, je me dirigeai de ce côté, car je savais qu'en Afrique comme en Europe, l'hospitalité ne préfère pas toujours les plus riches demeures. A la porte d'une de ces huttes était assise une femme à l'air respectable, filant du coton. Je lui fis signe que j'avais faim, et lui demandais si elle avait quelques vivres dans sa hutte : elle quitta aussitôt sa quenouille, et me dit en arabe de la suivre. Quand je fus assis sur le plancher, elle me servit un plat de couscous qui restait de la veille, et dont je fis un assez bon repas. En retour de cette bonne action, je lui donnai un de mes mouchoirs de poche, en lui demandant pour mon cheval un peu de blé qu'elle m'apporta immédiatement. Accablé de joie par une délivrance si inespérée, je levai mes yeux au ciel, et le cœur plein de reconnaissance, je rendis grâce à cet Être miséricordieux et bon dont la puissance m'avait soutenu dans tant de dangers, et venait de me dresser une table dans le désert.

Pendant que mon cheval mangeait, le peuple commença à s'assembler, et l'un d'eux murmura à mon hôtesse quelque chose qui excita beaucoup sa surprise. Quoique je ne connusse pas bien la langue foulah, je vis bien que quelques-uns de ces gens voulaient me saisir et me reconduire à Ali dans l'espoir, je le suppose, de recevoir une récompense. Je ramassai donc mon blé, j'en fis un paquet, et pour que personne ne soupçonnât que je m'échappais de chez les Maures, je pris la direction du nord et m'en allai d'un pas allègre, conduisant mon cheval devant moi, et suivi de tous les enfants et de toutes les jeunes filles de la ville. Quand j'eus fait environ deux milles et que je me vis délivré de ma suite incommode, j'entrai dans les bois et allai me mettre à l'abri d'un grand arbre où j'éprouvai le besoin de me reposer. Un paquet de branchage me servait de lit et ma selle était mon oreiller.

Je fus éveillé à deux heures environ par trois Foulahs qui, me prenant pour un Maure, me montrèrent le soleil et me dirent qu'il était temps de prier : sans entrer en conversation avec eux, je sellai mon cheval et continuai ma route. Je traversai un pays plat, mais plus fertile que tout ce que j'avais vu depuis longtemps jusqu'au coucher du soleil, et alors arrivé à un chemin qui prenait la direction du sud, je le suivis jusqu'à minuit, heure à laquelle je trouvai une mare d'eau de pluie, et le bois étant découvert, je pris le parti d'y reposer toute la nuit. Après avoir donné à mon cheval le reste du blé, je fis mon lit comme d'ordinaire, mais les moustiques et les mouches de l'étang m'empêchèrent de dormir pendant quelque temps, et je fus trois fois dérangé dans la nuit par les bêtes féroces, qui venaient très près et tenaient par leurs hurlements mon cheval dans une grande terreur.

Le 4 juillet, à la pointe du jour, je me remis en marche par les bois comme les jours précédents ; j'y vis nombre d'antilopes, de cochons sauvages et d'autruches, mais le sol était plus montueux et moins fertile que celui que j'avais foulé la veille. A environ onze heures, je montai sur une éminence, où, du haut d'un arbre, je voyais à une distance de huit milles une contrée ouverte avec des places rouges, que je regardais comme des terres cultivées, et m'étant dirigé de ce côté, j'arrivai à une heure aux abords d'une station. A l'aspect du lieu, je jugeai qu'il était foulah, et j'espérai une meilleure réception qu'à Schrilla. En ceci je ne fus pas déçu, car un des bergers m'invita à entrer dans sa tente et à prendre quelques dattes. C'était une de ces tentes foulahs, basse, où il y a à peine de la place pour se tenir debout, et dans laquelle la famille et le mobilier semblent entassés comme des objets dans un coffre. Quand j'eus pénétré sur mes pieds et mes mains dans cette humble habitation, j'y trouvai une femme et trois enfants qui, avec le berger et moi, couvraient toute la terre. On servit un plat de blé bouilli et de dattes ; et le maître de la famille, comme il est d'usage dans cette partie de la contrée, le goûta d'abord, et ensuite m'invita à suivre son exemple. Pendant que je mangeais, les enfants tenaient leurs yeux fixés sur moi, et le berger n'eut pas plutôt prononcé le mot *nazarani*, qu'ils se mirent à crier, et leur mère rampa doucement du côté de la porte, puis s'élança dehors comme un chien agile ; ses enfants la suivirent. Ils étaient si épouvantés au nom de chrétien, qu'il n'y eut pas d'instances qui eussent le pouvoir de les faire approcher de la tente. J'échangeai quelques boutons de cuivre contre un peu de blé pour mon cheval, et après avoir remercié le berger de son hospitalité, je rentrai dans les bois. Au coucher du soleil, j'arrivai à une route qui prend la direction du Bambara, et je résolus de la suivre toute la nuit ; mais à huit heures environ, comme j'entendis quelques gens qui venaient du côté du sud, je jugeai prudent de me cacher dans quelque buisson près de la route. Comme ces buissons ou taillis sont généralement pleins de bêtes sauvages, je trouvais ma situation assez peu agréable ; assis dans l'obscurité, tenant, à deux mains par le nez, mon cheval, pour l'empêcher de hennir, et également effrayé au dedans par les bêtes féroces, au dehors par les indigènes. Mes appréhensions furent toutefois bientôt dissipées, car ces gens, après avoir regardé autour de ce taillis et n'apercevant rien, passèrent outre ; je me dirigeai à la hâte vers les parties plus ouvertes du bois, où jusqu'à minuit passé je continuai ma route à l'est-sud-est. Alors le chant joyeux des grenouilles me décida encore à m'éloigner de mon chemin pour aller étancher ma soif; ce qu'ayant fait à une mare d'eau de pluie, je cherchai un lieu ouvert, avec un seul arbre au milieu et sous lequel je fis mon lit. Je fus dérangé dès le matin par quelques loups; cela me détermina à partir un peu avant le jour, et après avoir passé près d'un petit village nommé *Wassa-Lita*, j'arrivai le 5 juillet, à dix heures, dans une ville nègre nommée *Wawra*, qui appartient à Kaarta, mais étant alors tributaire de Mansong, roi de Bambara.

XV.

Mungo-Park se rend à Vassibou. — Quelques Kaartans fugitifs l'accompagnèrent. — Il découvre le Niger. — Détails sur le Sego, capitale du Bambara. — Généreuse hospitalité d'une négresse.

Wawra, où je me reposai et dormis deux heures sur une peau de bœuf, est une petite ville aux murs élevés, habitée par un mélange de Mandingues et de Foulahs. Plusieurs femmes, apprenant que j'allais à Sego, vinrent me prier de demander au roi Mansong ce qu'étaient devenus leurs enfants, qui, il y avait environ trois ans, avaient été enlevés par l'armée de ce roi.

Je partis à la pointe du jour avec un nègre qui allait à Dingyce chercher du grain ; mais nous n'avions pas fait un mille que l'âne sur lequel il était monté le jeta par terre ; pour lors il s'en retourna, me laissant poursuivre ma route tout seul.

A Dingyce, le douty me reçut bien, et au moment où j'allais partir, il me demanda un peu de mes cheveux. On lui avait dit que les cheveux d'un blanc étaient un saphi des plus puissants, et que cela donnait à celui qui le portait toute l'instruction des blancs. Je ne pus lui refuser ; mais le pauvre homme avait une telle envie d'apprendre, que moitié coupant, moitié arrachant, il me tondit d'assez près tout un côté de la tête. Il en aurait fait autant de l'autre si je ne l'avais pas arrêté.

A Vassibou, je fus obligé de résider quatre jours pour attendre que l'occasion se présentât de me procurer un guide pour aller à Satilé; on ne peut s'y rendre que par les bois où il n'y a pas de chemins battus.

Les habitants sont obligés, dans la crainte des Maures, de porter avec eux leurs armes aux champs. Le maître trace avec le manche de sa lance des lignes pour diviser le terrain en portions régulières, dont chacune est assignée à trois esclaves.

Le soir du 11, huit Kaartans fugitifs arrivèrent; ils s'allaient se constituer sujets du roi à Bambara et m'offrirent de me conduire à Satilé.

A Satilé, on nous prit pour un parti de Maures; on ferma les portes et tous les habitants prirent les armes. Après de longs pourparlers, on reconnut l'erreur et on nous laissa entrer. Nous passâmes la nuit dans le baloun du douty.

Vers midi, mon cheval se trouva si fatigué que je ne pus suivre plus loin mes compagnons de voyage, mais ces bons nègres ne voulurent pas me quitter et l'un d'eux resta avec moi pour m'aider à faire marcher mon cheval, tandis que les autres se rendaient à Gibraltar. Environ quatre heures après, grâce à l'aide du bon nègre, je rejoignis les sept autres Kaartans.

Le lendemain, vers trois heures, nous arrivions à Mourjo, où les Maures apportent de grandes quantités de sel qu'ils échangent contre du grain et de la toile de coton. La plupart des naturels étant ici mahométans, il n'est pas permis aux kafirs de boire de la bière qu'ils appellent *néo-dello* (esprit de blé), excepté dans certaines maisons. Je vis dans l'une une vingtaine de nègres ivres. Comme le maïs abonde dans le pays, on y est généreux pour les étrangers, et nous reçûmes trois fois plus de grains et de lait qu'il ne nous en fallait.

Le matin, nous partîmes avec une caravane de quatorze ânes chargés de sel et destinés pour Sousading. Le chemin que nous suivions était encaissé entre deux files de rochers où les Maures se cachent souvent pour piller les voyageurs. Aussitôt que nous eûmes gagné le pays plat, le maître de la caravane nous remercia de l'avoir accompagné, et nous gagnâmes Datïbou. A Fanionbou, le douty n'eût pas plus tôt appris qu'il y avait un homme blanc, qu'il apporta trois vieux mousquets, et fut fort décontenancé lorsqu'il sut que je ne pouvais pas les réparer.

Mon cheval allait s'affaiblissant de plus en plus, j'étais obligé de le conduire par la bride. A Geotorro, le douty refusa de nous vendre des vivres, et quoi que nous n'eussions pas mangé depuis vingt-quatre heures, il fallut nous coucher sans souper. A minuit, je fus réveillé par le cri de : *Kinne nata*, qui veut dire : Les vivres sont arrivés.

Mes compagnons de voyage, mieux montés que moi, me laissèrent en arrière. Je marchais pieds nus, conduisant mon cheval, quand je rencontrai une troupe d'une soixantaine d'esclaves qui venaient de Sego. Ils étaient attachés par le cou avec des lanières de cuir. Sept tenaient à la même lanière, et entre chaque groupe de sept marchait un homme avec un mousquet. A la queue de la file venait le domestique de Sidi-Mahomed, que j'avais vu au camp de Benoûm. Il me dit que ses esclaves allaient au Maroc par la voie de Ludaniar.

Près de Doulinkeabou, je rencontrai une vingtaine de Maures à cheval, les propriétaires des esclaves que j'avais vus le matin. J'appris d'eux que je ne trouverais pas Sidi-Mahomed à Sego, parce qu'il était allé à Koucaba chercher de la poudre d'or.

Je rencontrai deux nègres qui allaient à Sego, et je m'estimai heureux d'avoir leur compagnie.

Dans un petit village où nous nous arrêtâmes, on nous invita à un repas public composé de lait aigre et de farine. Les femmes étaient attablées avec les hommes, chose que je n'avais jamais vue en Afrique. Tout se faisait sans gêne. Avant de boire, les convives se saluaient de la tête, et en posant la calebasse ils disaient *berca*, qui veut dire merci.

Tout le long de la route, on me prit pour un Maure, et l'on se moqua beaucoup de me voir conduire mon cheval par la bride, à ce point que les nègres avaient honte d'être avec moi.

En approchant de Sego, j'eus le bonheur de rejoindre les Kaartans fugitifs. Ils convinrent de me présenter au roi. Nous marchions sur un terrain marécageux, et je brûlais de voir enfin le Niger, objet d'un si rude voyage. — *Geo offilli* (voyez l'eau), me cria soudain un nègre, et je vis le joliba (la grande eau) aussi large que la Tamise à Westminster, qui étincelait des feux du soleil. Je courus au rivage, et après avoir bu de ses eaux, je remerciai Dieu de ce qu'il avait couronné mes efforts.

Sego, la capitale de Bambara, consiste en quatre villes distinctes. Deux sont situées sur la rive septentrionale du Niger, ce sont Sego-Korro et Sego-Bou; les deux autres, Sego-Sou-Korro et Sego-Sée-Korro, sont sur la rive méridionale.

Les maisons sont carrées à toits plats. Le roi de Bambara réside constamment à Sego-Sée-Korro; il emploie un grand nombre d'esclaves à transporter les habitants d'un côté à l'autre de la rivière. En attendant le moment de passer l'eau, je regardais avec étonnement le tableau d'opulence et de civilisation que j'avais sous les yeux, et que je ne m'étais pas attendu à trouver dans le centre de l'Afrique. Le roi de Mansong, averti qu'un blanc voulait lui parler, me fit avertir que pour le moment il m'était défendu de passer la rivière et que je devais aller, dans un village éloigné qu'il me montra, chercher un logement pour lui. Je partis pour le village, mais personne ne voulut me recevoir et je restai toute la journée sans manger, assis sous un arbre. Au coucher du soleil, une femme revenant du travail des champs vit combien j'étais malheureux et me conduisit dans sa hutte, où elle me fit griller un beau poisson pour mon souper, et me montra une natte en me disant que je pouvais reposer sans crainte ; puis elle dit aux femmes de sa maison, qui pendant ce temps-là n'avaient cessé de me contempler, qu'elles pouvaient reprendre le coton qu'elles filaient et travaillèrent une partie de la nuit en chantant, entr'autre chose, une ballade improvisée sur le champ à mon sujet et dont voici la traduction littérale :

« Les vents rugissaient et la pluie tombait. — Le « pauvre blanc, faible et fatigué, s'assit sous un arbre ; « — il n'a point de mère pour lui apporter du lait, « point de femme pour moudre son grain. » Cela était chanté par une femme seule, puis les autres reprenaient par intervalle, en forme de chœurs.

« Ayons pitié de l'homme blanc ; il n'a point de mère, etc.

Je fus si ému de cette touchante et poétique pitié que je ne pus fermer l'œil de la nuit. Le matin, je donnai à ma bonne hôtesse les deux derniers boutons de cuivre qui restaient à ma veste.

Un messager du roi vint me dire que Mansong m'aurait volontiers admis en sa présence à Sego, mais qu'il avait craint la méchanceté des habitants maures et qu'il m'envoyait cinq milles kauris, ce sont des petites coquilles qui sont acceptées dans le pays comme monnaie courante.

XVI.

Mungo-Park arrive à Kabba, Sonsouding, Modibou. — Il s'embarque à Kea pour aller à Mourzou. — Il traverse le Niger et va à Silla. — Il se détermine à ne pas aller plus avant dans l'est.

Je quittai Sego avec le guide que m'avait envoyé le roi. Il m'avertit que Jenné, où je voulais aller, quoique du domaine de Bambara, était une ville maure, et que je risquais certainement ma vie si je persistais dans ce dessein. Il ajouta que les villes au-delà de Jenné et surtout Tombouctou était entièrement maure et qu'il n'était permis à aucun chrétien d'y demeurer.

Je m'étais avancé trop loin pour songer maintenant à retourner vers l'est, et je résolus de poursuivre ma route.

Le 24, nous arrivâmes à Kabba. Les habitants étaient occupés à recueillir les fruits de l'arbre Shéa, avec lesquels ils font le beurre végétal, qui est un des premiers objets du commerce africain. Lorsque j'arrivai à la demeure de Counti Momadi, le douty de la ville, je me trouvai environné de plusieurs centaines de personnes.

On me questionna sur ma religion et on voulut me faire prier Allah. Le douty leur dit que j'étais l'étranger du roi et qu'il fallait me laisser tranquille, d'autant plus que je devais partir le lendemain.

Ils me forcèrent de monter sur un siége élevé, près de la mosquée, pour que chacun pût me voir ; et je restai sur ce siége jusqu'au coucher du soleil.

Enfin, on me conduisit dans une cabane, au-devant de laquelle il y avait une petite cour dont Counti Momadi ferma la porte ; précaution inutile. Les Maures escaladèrent le mur et vinrent en foule dans la cour. Ils m'apportèrent sept œufs crus pour me les voir manger, et on fut fort étonné que je ne les mangeasse que cuits.

Vers minuit, les Maures me quittèrent et mon hôte vint me prier avec beaucoup d'instance de lui écrire un saphi. Je lui en écrivis un, pourvu de toutes les vertus que j'y pouvais mettre, car il contenait l'oraison dominicale.

Le lendemain, je partis de bonne heure ; le soir je couchai à Sibili et le jour suivant je gagnai Nyara, qui est une grande ville. Le douty me fit voir comme une grande curiosité un petit linge brun qui était venu d'un pays très éloigné, nommé Kong.

Le 28 juillet, j'arrivai vers midi à Nyomée. Le douty refusa de me recevoir, mais il m'envoya son fils pour me conduire à Modibou. Nous marchions en ligne droite à travers les bois, sans avoir vu rien de curieux qu'une girafe qui s'éloigna à notre approche en trottinant pesamment, lorsque mon guide me dit en mandingue : *Wara billi billi* (un très grand lion) *Soubah an allahi* (Dieu nous préserve), et j'aperçus derrière un buisson un lion magnifique qui, la tête allongée sur ses pattes, nous regardait passer avec dédain.

Au coucher du soleil, nous arrivions à Modibou, qui est délicieusement situé sur le bord du Niger. Mais il y a de prodigieux essaims de moustiques. Mes habits en lambeaux me livraient à leurs piqûres, qui me faisaient venir des pustules par tout le corps.

Le 29 juillet, je partis pour Kea, quoique ayant beaucoup de fièvre. En chemin, mon cheval s'affaissa épuisé. J'essayai de le relever, mais en vain. Je contemplai avec détresse le pauvre animal à moitié mort, et je pensai que, bientôt aussi, je mourrais comme lui au milieu du désert. Je jettai un regard ému d'adieu sur ce vieux serviteur, et je suivis à pied mon guide.

A Kea, le douty refusa de me recevoir. Heureusement un canot de pêcheur se chargea de moi jusqu'à Mourzou. Le nègre, qui m'avait accompagné depuis Modibou, me quitta alors.

Nous descendîmes la rivière, et à quatre heures nous étions à Mourzou. De là, on me conduisit à Silla où je restai sous un arbre jusqu'à la nuit.

Après beaucoup d'instances, le douty me permit d'entrer dans son baloum, où l'humidité me causa un accès de fièvre. Abattu par la maladie, épuisé de fatigue et de faim, à moitié nu et sans objet de quelque valeur que je puisse échanger contre des aliments, je commençai à désespérer. Les pluies du tropique étaient déjà commencées et les rivières et les marais étaient partout inondés. On ne pouvait plus voyager que par eau, et ce qui me restait des kauris du roi de Bambara me suffisait à louer un canot. D'après la manière dont on m'avait reçu à Sego et à Sonsouding, je vis qu'en continuant mon voyage à Jenné seulement c'était courir à une mort certaine. J'avais fait tous les efforts pour remplir complétement ma mission, mais la nécessité fait loi, et quelle que puisse être à cet égard l'opinion de mes lecteurs, je puis dire que mes honorables commettants ont donné à ma conduite une entière approbation. — Je pris donc la résolution de retourner à l'ouest. Avant de quitter Silla, je me procurai tous les renseignements que je pus sur le cours ultérieur du Niger vers l'est, soit sur la situation et l'étendue des royaumes qui l'avoisinent.

XVII.

Mungo-Park retourne vers l'est. — Il arrive à Modibou et recouvre son cheval. — Il évite Sego et continue à longer le Niger. — Mungo-Park arrive à Taffara.

J'informai aussitôt le douty de mon intention de retourner à Sego. Il approuva ma résolution. Je louai moyennant soixante kauris un canot qui me conduisit à Kea.

Le 31 juillet, le frère du douty, allant à Modibou, je profitai de cette occasion; en chemin nous vîmes au bord de l'eau des jarres de terre entassées. Mon compagnon me dit que ces vases appartenaient à quelque puissance surnaturelle, qu'on les avait trouvés, il y a trois ans, dans la position où je les voyais, et que chaque voyageur, en passant, par respect pour l'invisible propriétaire, jetait sur la pile quelques herbes. Un peu après, nous aperçûmes les traces encore fraîches d'un lion ; mon compagnon voulut me faire passer le premier dans un fourré épais qu'il redoutait, je refusai, il me dit quelques injures et me quitta. Je fis un grand détour pour éviter le lion, et, vers quatre heures, je gagnai Modibou, où je retrouvai mon cheval dans les écuries du douty, qui me le rendit.

Le 5 août, je me remis en route; je traversais des

savanes, ayant de l'eau jusqu'aux genoux, des terrains labourés et si mouillés que deux fois mon cheval s'y enfonça, et j'eus la plus grande peine du monde à l'en retirer.

A Nyara, je fus bien reçu par le douty. Je traversai ensuite plusieurs marais ayant de l'eau jusqu'à la poitrine ; je ne pus aller plus loin que Neinabore, où, moyennant cent kauris, je me procurai du lait pour moi et du grain pour mon cheval.

Le 9 août, un Maure et sa femme qui allaient montés sur deux bœufs porter du sel à Sego, je me joignis à eux. Vers le midi, nous gagnâmes Sibity. Je demandai au douty un guide pour aller à Sonsouding, il me dit que ses gens étaient occupés ailleurs et refusa de me donner aucun aliment ; j'achetai du grain que je partageai avec mon cheval.

Il se répandit le bruit que j'étais venu dans le Bambara comme espion, et comme Mansong ne m'avait pas admis en sa présence, les doutys étaient maîtres de me traiter comme il leur plaisait.

Je fus mal reçu à Sonsouding, et je me hâtai de gagner Kabba. Comme j'arrivai à la porte de la ville, un homme prit mon cheval par la bride, et me montrant l'occident il me dit de m'éloigner. Je pris donc la route de Sego avec la triste perspective de passer la nuit sur une branche d'arbre Après avoir fait environ trois milles, je me trouvai dans un petit village où le douty me permit de coucher dans son grand baloum, en un coin duquel était un four destiné à faire sécher les fruits de Shéa.

Le 13 août, j'arrivai à un mille de Sego, le fils du douty d'un petit village me dit que je n'avais point de temps à perdre si je voulais sortir en sûreté du Bambara.

Je pris aussitôt la route de Diggoni, je marchai aussi vite que je pus jusqu'à ce que je fusse hors de la vue des villageois. Alors je tournai droit à l'ouest. Vers midi, j'arrivai à Soubori, où j'eus un logement pour la nuit, moyennant deux cents kauris.

Je continuai à longer le Niger, traversant sans m'y arrêter Kamalia, Somée et Binni.

Le 15 août, j'arrivai à Sai. C'est une ville entièrement entourée de deux fossés très profonds, éloignés de cent toises de ses murs. Sur le haut des tranchées sont des tours carrées.

Quand j'arrivai à Kainou, il y avait déjà trois jours que je ne vivais que de blé cru. — A Song, les habitants refusèrent de me laisser entrer dans le village. Je me couchai sous un arbre, près de la porte. Vers dix heures, j'entendis rugir le lion et je priai qu'on m'ouvrit la porte. Tandis que l'on demandait la permission au douty, le lion passa à vingt pas de moi. Enfin, on me fit entrer. Ils étaient convaincu que je n'étais pas un Maure, car jamais un Maure n'attendait à la porte d'un village sans en maudire les habitants.

Le 16 août, je passai par Jalbie qui a une mosquée.

A Famina je pus me procurer une petite provision de grain.

Le 17 août, je passai près des ruines de trois villes, dont les habitants avaient tous été emmenés comme esclaves par Daisy.

Le 18 août, je m'égarai et fut longtemps à retrouver mon chemin, enfin je trouvai un nègre qui me prit dans son canot pour traverser la rivière à Frina, et j'arrivai le soir même à Taffara, qui est une ville murée et où l'on parle mandingue.

XVIII.

Réception hostile à Taffara. — Funérailles à Souha. — Koulikarro. — Mungo-Park écrit des saphis pour vivre. — Il parvient à Marabou et arrive à Sibidoulou après avoir été volé et dépouillé.

Quand j'arrivai à Taffara, le douty venait de mourir, et son successeur n'était pas encore élu. Je dormis dans le coin d'une cour sur un tas d'herbes humides, aucun des habitants n'ayant voulu me recevoir.

Le 20 août, je passai par la ville de Jeba. Je m'arrêtai quelques minutes à Somino, et j'obtins un peu du grossier aliment que les naturels du pays préparent avec des cosses de maïs et qu'il appellent *bou.*

A Souha, le douty me refusa tout secours. Tandis que je lui parlais, il appela un esclave et fit creuser une fosse en disant : *Danhalou* (bòn à rien), *jantera lemen* (vrai peste). Je trouvai prudent de remonter à cheval et j'allais fuir, quand l'esclave apporta le corps d'un négrillon de dix ans qu'il jeta dans la fosse. Argent perdu, dit alors le douty ; d'où je conclus que l'enfant avait été un de ses esclaves.

Au coucher du soleil, j'arrivai à Koulikarro. Je logeai chez un Bambara qui avait été l'esclave d'un Maure. Mais son maître étant mort à Jenné, il avait obtenu sa liberté. Il ne sut pas plus tôt que j'étais chrétien qu'il m'apporta son walha, ou tablette à écrire, me promettant de m'apprêter un souper de riz si je voulais lui écrire un saphi. Mon hôte, pour être sûr d'avoir à son usage toute la force du charme, lava l'écriture de la tablette avec un peu d'eau qu'il but; après quoi, il lécha la tablette jusqu'à ce qu'elle fut absolument sèche. Ma réputation d'écrivain de saphis se fit dans un clin d'œil, et le douty m'envoya son fils, avec une demi-feuille de papier, me priant de lui écrire un naphula, un charme pour se procurer des richesses. Le soir, je fis le meilleur dîner que j'eusse fait de longtemps.

Le 21 août, je traversais les villages de Kayou et Toulumbo et j'arrivai dans la nuit à Marrabou. Je fus conduit à la maison d'un kaartan de la tribu de Jower à qui son hospitalité proverbiale avait fait donner le nom de *jattée*, l'hôte par excellence.

Le 22 août, après m'être souvent trompé de chemin, je tombai dans un petit sentier qui me conduisit à un village appelé Froukabore où je couchai.

Le 23 août, j'arrivai à Bammakou, ou je logeai chez un nègre Serawoulli. Des Maures vinrent m'y voir. L'un d'eux qui avait été à Rio-Grande parlait avec éloge des chrétiens et m'envoya le soir du riz bouilli et du blé.

Je m'informai du chemin à prendre, et l'on me dit que, par la saison où l'on était, le chemin de Joliba était impraticable, mais que si j'avais un bon guide pour me conduire par les montagnes à Sibidoulou, je pourrais de là traverser le pays de Manding. Je m'adressai au douty, qui m'apprit qu'un Tilli-Kea, un chanteur, devait partir pour cette ville. Après avoir fait quelques milles ensemble, le chemin devint impossible à mon cheval et je retournai en pays plat, je trouvai un sentier où il y avait les traces du passage des chevaux et je le suivis au milieu de rochers ferrugineux de schistes et de quartz blanc.

Je parvins enfin dans la délicieuse vallée de Kouma où les naturels s'empressèrent à me bien traiter.

Le 25 août, je partis de Kouma avec deux bergers qui ne s'inquiétèrent guère de moi et me laissèrent très en arrière. Soudain j'aperçus plusieurs nègres, assis dans l'herbe, qui tenaient des mousquets. Ne pouvant leur échapper, je marchai vers eux. L'un d'eux m'ordonna de descendre de cheval, il me dit que le roi des Foulahs les avait envoyés pour me mener à Fouladou. Je les suivis. Étant arrivé dans un endroit obscur du bois, l'un m'arracha mon chapeau de dessus la tête, et les autres examinèrent toutes les parties de mon vêtement et, pour ce, me mirent tout nu. Enfin, ils consentirent à me rendre une vieille chemise et un pantalon ; pendant qu'ils s'éloignaient, l'un d'eux me rejeta mon chapeau dans la caisse duquel étaient mes notes. Je m'assis accablé et désespéré, je me voyais sans ressource aucune dans un désert peuplé de barbares, à plus de cinq cents milles de l'établissement européen le plus voisin. J'étais convaincu que je n'avais plus qu'à me coucher et à attendre la mort. Cependant la religion vint à mon secours et sa divine influence me soutint. J'étais sous l'œil de Dieu et il ne pouvait pas m'abandonner. Dans ce moment même la beauté d'une petite mousse me frappa, j'admirai sa couleur et ses racines délicates. Comment, pensai-je, Dieu qui dans un coin écarté du monde fait fructifier cette petite chose, ne soulagera-t-il pas l'être qu'il a formé à son image. Je me levai et me remis en marche, et au coucher du soleil j'arrivai à Sibidoulou, ville frontière du royaume de Manding.

XIX.

Mungo-Park est bien reçu à Sibidoulou. — Il se rend à Wonda. — Mungo-Park recouvre son cheval à Komalia. — Maladie de Mungo-Park.

Sibidoulou est située dans une fertile vallée qu'encadrent de hautes collines. Le peuple me suivit dans le baloum ou je fus présenté au douty, que l'on appelle ici monsa, mot qui signifie roi. Je lui racontai comment j'avais été dépouillé, il continua à fumer sa pipe; puis, l'ôtant de sa bouche, il me dit : Asseyez-vous, tout vous sera rendu, je l'ai juré. On me conduisit dans une hutte, mais la foule de gens, qui tous prenaient pitié de mon sort en faisant des imprécations contre les *Fou*lahs, m'empêcha de dormir jusqu'à minuit.

Comme il y avait alors disette dans tout le pays, je ne voulus pas abuser de la bonté de mon hôte, et me voyant empressé de partir, il me dit d'aller à Wonda et d'y attendre qu'on m'y rapportât mon cheval et mes hardes.

Je restai à Wonda neuf jours, pendant lesquels j'éprouvai une fièvre violente. La rareté des vivres se faisait cruellement sentir. Les mères vendaient leurs enfants, à la charge de nourrir le reste de la famille pendant quarante jours.

Le 6 septembre, on m'amena mon cheval, et mes habits furent rendus également. Mon cheval était devenu si maigre, que je ne pouvais plus espérer m'en servir, je le donnai à mon hôte, en le priant d'envoyer au monsa de Sibidoulou ma selle et ma bride, seul présent par lequel je pusse lui prouver ma reconnaissance. Malgré ma fièvre, le 8 septembre, je pris congé de mon hôte, il me donna sa lance.

Je passai la nuit à Ballonti et je convertis mes demi-bottes en sandales, ce qui me permit de marcher avec beaucoup plus de facilité.

Le 9, je gagnai Nemacore. Le monsa jugea à propos de me faire souper comme le caméléon qui se nourrit d'air, à ce que croient les nègres.

Le 11, j'arrivai à Kinyeto, mais, m'étant heurté la cheville en chemin, elle enfla au point que je ne pouvais poser le pied à terre sans douleur.

Modi Lemina Taura, gros marchand, me donna l'hospitalité quelques jours.

Le 14, je partis, appuyé sur un bâton, et le 15, j'arrivai à Dasita où je passai un jour à cause de la pluie. A Monsa, le douty, en me conduisant dans ma hutte, me prit ma lance, et vers minuit le monsa vint pour me dérober le peu de hardes que j'avais, mais quand il me vit éveillé, il s'en alla. Aussitôt qu'il fut jour, un nègre, à ma prière, alla dans le maison du monsa qui dormait et y prit ma lance qu'il m'apporta. Je partis sur le champ et j'arrivai vers deux heures à Komalia; cette petite ville est située au pied de montagnes d'où les habitants tirent beaucoup d'or.

Je fus conduit à la maison d'un buschréen, Karfa-Toura, le frère de celui qui m'avait reçu si hospitalièrement à Kinyeto. La fièvre et le soleil avaient rendu ma peau très jaune et l'on ne pouvait croire que je fusse un blanc ; on me soupçonnait d'être quelque arabe déguisé. Mon hôte m'apprit qu'il était impossible de traverser, de plusieurs mois, le désert de Jallonka. Il se proposait de partir lui-même pour la Gambie et il me conseilla de rester avec lui et de l'accompagner dans ce voyage. Je lui promis de lui donner le prix d'un esclave à notre arrivée en Gambie, et sur-le-champ il ordonna qu'on balayât une hutte pour m'y loger.

Pendant cinq semaines, je languis en proie à des accès de fièvre qui ne me laissaient que quelques rares moments de répit. Quand les pluies cessèrent, la fièvre disparut. Karja résolut d'aller faire à Koncaba son choix d'esclaves, et il quitta Komalia pour un mois ; me trouvant seul, j'en profitai pour classer mes notes, les coordonner.

XX.

Suite de ce qui se passa à Komalia. — Karja revient. — Carême du Rhamadan. — La caravane se met en route pour Kinatyakouro.

Karja m'avait confié pour le temps de son absence à Tankouma, un maître d'école mahométan très doux. Parmi les manuscrits qu'il possédait, je découvris une version arabe du pentateuque de Moïse qu'ils appellent Taureta la Mousa (1). Cet ouvrage est tellement estimé qu'il se vend quelque fois le prix d'un esclave de choix. Il avait une version des psaumes de David et d'Isaïe, mais avec des interpolations islamiques.

Le 24 janvier, Karja revint à Komalia avec treize esclaves d'élite qu'il avait achetés. Il amena aussi une jeune fille qu'il avait épousée à Kancaba comme sa quatrième femme, et aux parents de laquelle il avait donné trois esclaves, mes habits étaient si usés que Karja me fit présent d'un pantalon turc et d'un manteau.

Les esclaves que Karja avaient amenés avec lui étaient tous prisonniers de guerre; je causai avec eux. Une persuation profondément enracinée dans l'esprit

---

(1) La bible s'appelle en hébreu : Thora.
(Note du traducteur.)

des esclaves nègres, c'est que les blancs n'achètent des noirs que pour les manger ou pour les vendre à d'autres qui les mangeront.

Le carême du rhamadan fut observé avec une grande sévérité par tous les bouschrinns, mais au lieu de me forcer à suivre leur exemple comme avaient fait les Maures en pareille occasion, Karja me laissa libre. Je jeûnai pendant trois jours, ce qui fut regardé comme suffisant pour m'épargner l'odieuse épithète de kafir. Pour dire la vérité, les nègres, pendant tout le jeûne du rhamadan, se conduisaient avec une douceur, une humilité, qui formaient un contraste frappant avec l'intolérance barbare et la brutale bigoterie que montrent les Maures à cette époque.

Le 16 avril, les slatées tinrent conseil et choisirent le 19 du même mois pour jour du départ. On prépara tous les paquets, on ôta les fers aux esclaves. La caravane, à son départ de Komalia, consistait en vingt-sept esclaves. On n'en prit cinq à Marabou et trois à Bala, en tout trente-cinq. Les hommes libres étaient au nombre de quatorze, comme plusieurs esclaves avaient passé des années dans les fers, l'effort subit qu'ils furent obligés de faire pour marcher vite leur fit éprouver dans les jambes des contractions spasmodiques, et il fallut en ôter deux de la corde et leur permettre de marcher plus lentement.

Nous nous arrêtâmes à Bella, et le 20 nous arrivions à Waramboug, village qui forme la frontière mandingue du côté du Jalloukadou. Nous tînmes conseil pour savoir si nous continuerions notre route par le désert ou si nous irions par Kinatyakouro. Ce dernier avis prévalut. Vers le coucher du soleil, nous fûmes en vue de cette ville qui est importante et de forme carrée, nous entrâmes dans la ville processionnellement où le peuple se réunit au bentang pour écouter notre dentegi (histoire) ; elle fut racontée par deux chanteurs et tous les gens de la troupe furent invités et pourvus pour la nuit, soit par l'un, soit par l'autre.

XXI.

La caravane traverse le désert. — Sousefa. — Monna. — Détails sur les Jallonkas. — Malacotte. — Conduite remarquable du roi des Yolloffs.

Nous restâmes à Kinatyakouro jusqu'au 22 avril, puis nous gagnâmes Fouladou.

Le 23, à la pointe du jour, nous entrâmes dans le désert de Jallonka. Vers dix heures, nous arrivâmes à la rivière de Monda, qui est un peu plus large que le Kokaro. Le courant était vaseux, ce qui était occasionné, m'assura Karja, par des bancs prodigieux de poissons. On en voyait effectivement en abondance. Après avoir passé la rivière, il donna l'ordre que chacun, à l'avenir, marchât à son rang, ses guides et les jeunes gens à l'avant garde, les femmes et les esclaves au centre, et les hommes libres à l'arrière-garde. Nous marchâmes dans cet ordre avec une vitesse prodigieuse jusqu'au coucher du soleil.

Le 24 avril, nous partîmes à la pointe du jour ; nous nous remîmes en route sur un terrain rocailleux qui nous ensanglanta les pieds. Vers les onze heures, comme nous reposions près d'un petit ruisseau, quelques personnes découvrirent une ruche dans un arbre creux, et elles s'approchaient pour en extraire le miel quand un énorme essaim d'abeilles nous fit fuir de tous les côtés.

Le 26 avril, nous vîmes une grande troupe d'éléphants, mais ils nous laissèrent passer sans nous inquiéter.

Le 27 avril, vers quatre heures, nous parvînmes à Souseta, petit village de Sallonka, situé dans le Kullo. C'étaient les premières habitations humaines que nous eussions vues depuis Kinatyakouro. Nous avions fait, dans l'espace de cinq jours, plus de cent milles.

Le 28 avril, nous nous remîmes en marche et nous passions devant Monna, qui est une ville murée.

Le langage des habitants de Monna est le même que celui qu'on parle dans tout le vaste et montueux pays que l'on nomme Jallonkou. Les Jallonkas, comme les Mandingues, sont gouvernés par un certain nombre de petits chefs indépendants les uns des autres.

Le chef de Monna nous accompagna jusqu'au bord du Fafine, ou rivière noire, bras principal du Sénégal, que nous passâmes sur un pont de bambous.

Ce pont est emporté tous les ans par les débordements de la rivière, et il se rebâtit constamment par les soins des habitants de Monna qui, en conséquence, demandent à chaque passager un petit péage.

Nous restâmes à Kaba jusques dans l'après-midi du 30.

Le 3 mai, nous arrivâmes à Malacotte, la ville natale du bouschrinn, où nous fûmes bien reçus. Ils nous racontèrent des histoires de guerres qu'ils avaient apprises à Bondou la première fois qu'ils étaient allés y porter du sel.

XXII.

Boniserile, Kirwani, Teudaconda. — Médina, capitale du Woulli. — Mungo-Park, accompagné de Karja, se rend à Pisania. — Particularités qui précèdent son départ pour l'Angleterre.

Le 7 mai, ayant traversé le *Ba-lée* (rivière de miel), nous passâmes deux jours à Bintingala.

Le 11 mai, nous partîmes de Dindikou le matin, et le soir nous étions à Satadou.

Le 13 mai, une caravane d'esclaves, qui appartenait à des marchands serawoullis, convint de venir avec nous jusqu'à Boniserile, capitale du Dentila; nous y arrivâmes le soir. Un de nos slatées était natif de ce lieu, il m'invita à aller avec lui à sa maison. Ses amis le reçurent avec beaucoup de joie. Aussitôt qu'il se fut assis, sa fiancée lui apporta dans une calebasse un peu d'eau et, se mettant à genoux devant lui, le pria de se laver les mains. Lorsqu'il eut fait, la fille, dans les yeux de qui roulait une larme de joie, avala l'eau.

Le 16 mai, nous gagnâmes Jalifonda à travers bois, mais nous n'en approchâmes point parce que nous voulions passer la nuit à Kirwani.

Le 20, au matin, en partant de Kirwani, nous entrâmes dans le désert de Tenda, qui a deux journées de marche.

À Tombacunda, où nous fûmes bien reçus, nous passâmes quatre jours.

Nous ne nous arrêtâmes pas à Sibi-Kilin, à cause de la réputation de voleurs qu'ont les habitants.

Nous fîmes halte à Koumbou.

Le 28 mai, après avoir traversé un bras considérable de la Gambie, nous parvînmes au pays de Tenda.

Le 30, nous gagnâmes Jollacotta, grande ville qu'infeste un grand nombre de bandits foulahs qui, venant de Bondou au travers des bois, emportent tout ce qu'ils peuvent attraper.

Le 2 juin, nous partîmes de Susukunda et passâmes par plusieurs villages dans aucun desquels on ne permît à la caravane de s'arrêter, quoique nous fussions tous très fatigués. Enfin nous atteignîmes Baraconda où nous passâmes un jour.

Le 4, nous arrivâmes à Medina qui, comme le lecteur peut s'en souvenir, m'avait été si hospitalière en décembre 1795, lors de mon voyage vers l'est. Je demandai sur le champ des nouvelles de mon bon vieux bienfaiteur, et j'appris qu'il était malade : la caravane ne s'arrêtant pas, je ne pus aller le voir.

Le jour suivant, nous arrivâmes à Sindey où j'avais quitté dix-huit mois auparavant mon ami, le docteur Laidley. Je fis observer à Karfa qu'il serait de son intérêt de laisser ses esclaves à Sindey, jusqu'à ce qu'il se présentât des acquéreurs, il fut de mon avis et partit avec moi, nous gagnâmes Tendaconda, où nous fûmes reçus par une vieille femme noire, la senora Camille, qui parlait anglais ; je lui dis mon nom, elle fut étonnée, elle me croyait mort comme Houghton.

M. Robert Junsley ayant appris que j'étais arrivé vint me voir, et me dit que le docteur Laidley habitait à Kaye, et qu'il serait chez lui dans deux jours.

Le 12, le docteur Laidley me reçut avec autant de joie que de surprise. Je me hâtai de m'habiller à l'anglaise, ce qui fit plaisir à Karja, mais il me dit qu'en me coupant la barbe je m'étais ôté la figure d'un homme pour me donner celle d'un enfant. Karja me quitta le 14 avec beaucoup d'attendrissement.

J'arrêtai mon passage sur le *Charlestown* et, ayant pris congé du docteur Laidley à qui j'avais tant d'obligations, je m'embarquai à Kaye, le 17 juin. Jusqu'à Garie, le temps fut malsain. Nous allâmes jusqu'au fort Saint-Jean et j'attendis le paquebot de Chesterfield qui débarqua à Falmouth, le 22 décembre. J'avais été absent d'Angleterre pendant deux ans et sept mois.

TROISIÈME VOYAGE

(1805)

I.

Départ de Kayée. — Arrivée à Pisania. — Sindey. — Crique Walha. — Madina, exigeance du roi. — Présents faits à lui et à ses courtisans. — Bombakou. — Kapine. — Kussny. — Arbres nitta. — Rivière Néoulico et Nérico.

Le 27 avril 1805, nous partîmes de Kayée, à dix heures du matin. La chaleur était très forte ; et quelques-uns de nos ânes n'étant pas accoutumés à porter des fardeaux rendirent notre marche pénible : trois d'entr'eux s'enfoncèrent dans un champ de riz bourbeux, et tandis que nous nous occupions à les en retirer, notre guide et les gens qui marchaient en tête avancèrent tellement que nous les perdîmes de vue. Nous rencontrâmes douze soldats restés également en arrière et nous prîmes avec eux le chemin de Jonkakouda, où nous ne trouvâmes ni le lieutenant, ni ses hommes. Nous conclûmes qu'ils étaient allés à New-Jermy.

Nous fîmes halte, sous un grand arbre, au village de Lamain-Cotto ; puis, nous étant remis en marche, vers quatre heures, nous arrivâmes à Lamain. A cinq heures, le lieutenant Martyr et sa troupe arriva par la route de New-Jermy.

Le slatée de ce district, qui a nom Kalaba, me pria de faire placer les ânes et les paquets sous un autre arbre que celui auprès duquel nous avions établi notre campement ; parce que, disait-il, si nous dormions à l'ombre de son feuillage, nous ne nous réveillerons jamais. Je ne comprenais pas ce qu'il voulait dire, il me prit par la main et me conduisit en face d'une des larges entailles faites dans la racine de l'arbre et me montra trois pointes de lances teintes de sang, éparses au milieu de cendres d'ossements et entourés d'une corde à moitié brûlée. Je fis porter le paquet sous un autre arbre, mais, pour moi, je dormis fort bien sous celui-ci.

Le 28 avril, au point du jour, nous partîmes pour Pisania et, après avoir traversé le petit village de Foulahs et le village de Callin, nous arrivâmes sur les bords de la Gambie à onze heures et demie. Après une halte nous repartîmes, et le soir nous fûmes reçus à Pisania par M. Amsley. Comme son schooner n'était point encore arrivé avec notre bagage, j'achetai du grain pour nos bêtes et un bœuf pour les soldats.

Le 29 avril, j'allai saluer dame Camille qui fut très surprise de me voir entreprendre de nouveau ce périlleux voyage.

Le 4 mai, nous quittions Pisania. Les ânes et les

paquets furent tous marqués et numérotés en rouge. Chacune des six escouades de soldats en eut un certain nombre confié à sa garde. On numérota les ânes avec des chiffres fort grands, pour empêcher les naturels de les voler ; car de cette manière ils ne pouvaient tenter de laver ou de rogner la marque sans être découverts. M. George Scott et un des hommes d'Isaac marchaient en tête, le lieutenant Martyr au centre, M. Anderson et moi en arrière.

Nous fûmes forcés de laisser à Pisania une certaine quantité de riz, n'ayant pas assez d'ânes pour le porter. M. Amsley, la bonne vieille dame Camille, nous accompagnèrent jusqu'à ce que nous eûmes dépassé Tendaconda.

Après une marche de huit milles, nous déchargeâmes nos ânes sous un grand arbre tabba, et le soir j'allai avec Isaac saluer le slatée de Soirée. Il était ivre, et quand je lui dis que je lui donnerais un pot de rhum, il me répondit qu'il ne me laisserait point passer que je ne lui en donnasse dix. Après une longue négociation, il fallut lui en donner deux.

Le 5 mai, je payai six barres d'ambre aux garçons de Mumbo-Sumbo et nous partîmes pour Sindey de très grand matin.

A Sindey, on fait de très belles teintures bleues avec des feuilles d'indigo.

Lamina-Foffono, un de mes compagnons de route de Mondingo à la Gambie, lors de mon premier voyage, ayant appris que j'étais arrivé à Sindey, vint de Walha pour me voir. Il me dit que Karja se portait bien, mais qu'il n'avait pas reçu le fusil que je lui avais envoyé par le capitaine Braud.

Le 7 mai, nous marchâmes au nord de la crique Walha jusqu'à midi, et nous la traversâmes près de Koutakonda. Les ânes nagèrent et les soldats, avec l'aide des nègres, passèrent à gué, portant les paquets sur leurs têtes. Nous dépassâmes Koutakonda et au village de Madina j'allai saluer le slatée Bree. Je lui donnai un bon sur M. Amsley pour un pot de liqueur.

Le 9 mai, le fils du roi de Samberou vint me voir, je lui offris de l'ambre, Samberou s'étend au nord de la crique Walha et est peuplé de Yoloffs qui, pour la plupart, parlent mandingue.

Le 10 mai, en quittant Tabajong, nous nous rendîmes à Tatticonda, où le fils de mon ami, l'ancien roi de Woulli, vint à ma rencontre. Il m'apprit que les slatées et les Serra-Woulli demeurant vers Madina voyaient notre expédition avec une extrême jalousie.

Le 11 mai, arrivée à Madina, capitale du royaume de Woulli. Je donnai au roi des pistolets montés en argent, dix dollars, dix barres d'ambre et autant de corail. Il allégua que j'avais fait un bien plus beau présent au roi de Kataba et je fus obliger d'ajouter quinze dollars et une couverture de lit.

Les autres présents que j'eus à faire au fils du roi, à sa famille et aux ministres, furent assez considérables.

Le 13 mai, après avoir passé Barraconda et Bombakou, nous arrivâmes à Kapine. Les femmes, ayant appris qu'à Madina nous avions été forcés d'acheter de l'eau, tirèrent l'eau des puits et la mirent dans des calebasses. Nos soldats partirent donc sans avoir pu s'en procurer et après avoir excité de grandes risées. Vers le soir, un soldat laissa tomber son vase, comme par mégarde, dans un grand puits voisin de la ville. Ses camarades lui passèrent une corde autour du corps et le descendirent au fond du puits, où il put aisément remplir d'eau toutes les chaudières du camp, à la grande mortification des femmes qui, depuis vingt-quatre heures, s'étaient donné des peines infinies pour enlever l'eau, dans l'espoir que sa vente les mettraient en état d'orner leurs cous de quelques grains de verroteries ou d'ambre.

Le 14 mai, halte à Kussay. C'est le même village que Leesekanda, mais les habitants en ont changé le nom; un soldat cueillit quelques fruits de nitta; le chef du village accourut furieux et tira son couteau, ce qui nous fit rire. Il nous dit qu'en temps de famine le fruit du nitta est la seule nourriture qu'ils aient, et que pour empêcher les femmes et les enfants de grapiller cette ressource suprême, on met un toong sur les nittas, c'est-à-dire un maléfice, et que le tort du soldat n'était pas d'en avoir mangé, mais de l'avoir fait en présence de femmes.

Le 15 mai, nous entrâmes dans les bois de Simboni;

à l'entrée, Isaac égorgea un bélier noir, après avoir récité de longues prières. Nous rencontrâmes des centaines d'antilopes de couleur foncée et ayant le devant de la tête blanc. Les naturels les appellent Pagui. Nous fîmes halte sous un grand arbre *teclée carra*, le même sous lequel je m'étais arrêtée autrefois. Je vis treize crocodiles rangés le long du rivage et trois hippopotames.

Le 16 mai, nous atteignîmes Néoulico, ruisseau presque à sec.

Le 17 mai, après avoir traversé Bray, nous fîmes halte sur le bord oriental de la rivière Nérico.

II.

Jacollotá. — Tombaco. — Conduite hostile du farenbo et ses conséquences. — Jeningallo. — Déroute causée par un essaim d'abeilles. — Boniserile. — Célébration du jour de la naissance du roi. — Madina. — Arrivée à Shrondo. — Mines d'or. — Dindikou. — Foukia.

Le 20 mai, nous quittâmes Jacollota où nous étions arrivés en deux jours en passant par Simboni, dans le Bondou. Nous achetâmes beaucoup d'oignons pour manger avec notre riz.

Le 20 mai, arrivée à Tombaco qui appartient à Jacollota, et le farenbo ou chef de Jacollota est sujet du roi de Woulli.

A un demi-mille de Tombaco est une ville très grande, Bady, dont le chef qui s'intitule farenbo exige des coffles de fortes rétributions et les taxe jusqu'à dix barres de poudre à tirer pour chaque charge d'âne. Dans la soirée, le fils du farenbo arriva avec vingt-six hommes armés de fusils. Je lui envoyai des barres d'ambre par notre guide et, comme il refusait de les recevoir, j'allai moi-même le trouver avec cinq barres de corail qu'il refusa également. D'après le nombre des hommes armés et leur manière hautaine de se conduire, je vis qu'il fallait peu s'attendre à terminer cette affaire à l'amiable. J'arrachai donc un morceau de papier de mon portefeuille et j'écrivis au lieutenant Martyr de tenir ses soldats prêts. J'envoyai Isaac dire au farenbo de Bady que, jusqu'à présent, nous avions obtenu facilement des rois de Kaarta et de Woulli la permission de traverser leurs états, et que s'il ne voulait pas nous laisser passer nous retournions à Jacollota pour prendre un autre chemin. Là se termina le palaver.

Le fils du farenbo était retourné à Bady avec l'ambre et le corail, et nous nous préparions à retourner à Jacollota, lorsque quelques hommes du farenbo saisirent le cheval de notre guide, au moment où un valet le faisait boire à un puits, et l'emmenèrent.

Isaac se rendit à Bady où, pour toute explication, on lui enleva son fusil à deux coups et son épée. Il fut ensuite lié à un arbre et fustigé.

Nous pouvions aller brûler la ville pendant la nuit, mais nous aurions fait périr un grand nombre d'innocents et nous n'aurions point recouvré notre guide.

Nous convînmes avec M. Anderson et le lieutenant Martyr de les attaquer dès le lendemain matin s'ils continuaient à retenir Isaac.

Le 21 mai, de très grand matin, notre guide nous fut renvoyé et, vers dix heures, les gens du farenbo vinrent nous dire que ce chef ne nous voulait aucun mal, mais qu'il ne pouvait consentir à laisser passer une coffle sans qu'elle lui payât le tribut d'usage et qu'on m'engageait à le venir porter moi même à Bady. Je répondis que je me ferais accompagner de trente de mes hommes. Cela ne parut pas leur plaire, et il fut définitivement réglé que le cheval serait ramené à mi-chemin du village, et qu'on nous remettrait tous les effets enlevés en échange du tribut de passage.

En conséquence, je payai, en différentes fois, en marchandises, jusqu'à la valeur de cent six barres, à peine le tiers de ce qu'une coffle de nègres aurait payé. Nous partîmes enfin.

Le 22 mai, à Jeningallo, où j'avais autrefois passé la nuit, nous fîmes halte. Mon ancien hôte m'apporta une grande calebasse de lait.

Le 23 mai, arrivée à Nealo-Koba. On trouve dans les étangs des environs des huîtres fort grasses et d'une couleur verdâtre.

Le 24 mai, halte à Monsafara. En ce lieu sont trois villes presque contiguës l'une à l'autre et auprès desquelles est un vaste étang.

Le 25 mai, nous entrâmes dans les déserts de Tenda et de Samakara. A quatre milles à l'ouest, nous traversâmes les ruines de Kaba, où j'avais autrefois passé la nuit. La ville avait été détruite par les habitants de Bondou depuis environ trois ans, et l'arbre bentang brûlé.

Près de Soulectabba, M. Anderson et moi nous montâmes jusqu'au sommet d'une des montagnes que nous traversions, et d'après la vue qu'elle offrait aux yeux je la nommai la montagne du Panorama. Elle a une pointe en pain de sucre, dans laquelle sont en grand nombre des tannières à loups.

Le 26 mai, nous rencontrâmes une coffle à un abreuvoir appelé Soutinimmo. Elle allait à la Gambie racheter un prisonnier pour dettes qui devait être fait esclave, s'il n'était pas délivré sous peu de mois. A midi et demi, nous arrivâmes à la crique des Abeilles où les soldats, en cherchant du miel, troublèrent un grand essaim de ces insectes, qui fondirent sur nous et piquèrent bêtes et gens qui fuyaient dans toutes les directions. Le feu allumé pour faire la cuisine étant abandonné, s'étendit, embrasa les bambous et manqua de brûler notre bagage. Dans le fait, pendant une demi-heure, les abeilles parurent avoir mis fin à notre voyage.

Les 27 et 28 mai, arrivée à Sibilikin, où je vis les shéas ou arbres à beurre, dont plusieurs étaient chargés de fruits, mais non encore mûrs. Vers onze heures nous atteignîmes Badou, qui consiste en trois cents huttes environ. Un peu au nord de cette ville en est une autre appelée aussi Badou, mais on les distingues entre elles par les noms de Sonsouding et Sonsomba.

Les slatées et gouverneurs de ces deux villes exigent de toutes les coffles un fort tribut ; et si on le leur refuse, ils se réunissent pour les piller.

Le 29 mai. La Gambie n'est qu'à quatre milles au sud de Badou. On l'appelle Ba-Decma, ou la rivière qui est toujours une rivière, c'est-à-dire qui ne se dessèche jamais.

Le 30 mai, nous entrâmes dans les bois. A l'abreuvoir appelé Fatifung, nous trouvâmes l'eau si verdâtre que la nécessité seule nous en aurait fait boire.

Le 31 mai, en quittant Tabba-Gée, nous vîmes un bloc rond de quatz, appelé par les naturels *Ta Kouro, ou la Pierre du Voyageur*. Tous ceux qui passent par cet endroit la soulèvent et la font tourner, ce qui la rend très polie et creuse le rocher ferrugineux sur lequel elle est placée.

1er juin, arrivé à Sulifunda, bâtie autrefois comme entrepôts de marchandises européennes pour le commerce de la Gambie, du Rio Nunez et de Kadjaaga. J'envoyai à Monsa-Kusson, le chef de cette petite ville, de l'ambre et de l'écarlate, et il m'envoya un jeune bœuf, disant qu'il faisait des prières pour ma santé. A quatre heures, nous replaçâmes les paquets sur le dos des ânes et nous allions partir pour Boniserile, quand notre guide vint nous dire que Monsa-Kusson ne permettrait pas qu'on pénétrât plus avant dans le pays, si on ne lui donnait dix barres de marchandises. Je lui fis répondre que je croyais avoir assez payé le droit de passer sur son territoire et que si ses gens s'acharnaient à me barrer le chemin, j'étais prêt à lutter contre eux.

Après plusieurs allées et venues, le roi jugea convenable de dire qu'il était satisfait. Dans l'après-midi, il vint me faire une visite. Une troupe de parasites et de danseuses l'accompagnaient. Il m'offrit quelques noix de cola, que je dis à notre guide de prendre et de manger.

Le 4 juin, ayant passé le village d'Ercella, remarquable par ses bosquets de sittas, nous arrivâmes à Boniserile le jour anniversaire de la naissance du roi. Dans l'après-midi, nous rangeâmes nos soldats en bataille et leur fîmes décharger leurs armes. Quoique nous n'eussions à boire à la santé de Sa Majesté que l'eau de nos gourdes, peu de ses sujets firent de meilleur cœur que nous des vœux pour la conservation de ses jours et la prospérité de son règne.

Boniserile est mahométane. Son chef, Fodi-Braherma, est doux et éclairé. Je lui fis grand plaisir en lui offrant la copie en arabe du Nouveau-Testament.

Le 5 juin, les habitants de Boniserile m'assurèrent qu'il n'y avait de Badou à Loby que trois jours de marche. Pendant la nuit, il y eut des raffales de vent. Le vieux James fut repris par la dyssenterie.

Dentila est fameux pour son fer ; on le coule avec des cendres de l'écorce de kino. J'en goûtai, elles ne contiennent pas autant d'alcali que les cendres de mimosa.

Le 7 juin, à l'est, une montagne carrée, celle de Dindikou probablement, traversée d'un ruisseau appelé Samakou, à cause des grandes troupes d'éléphants qui s'y lavent dans la saison des pluies. A midi, halte auprès de l'étang de Samakou. Nous marchâmes sans avoir aucun chemin frayé, dans un pays sauvage et rocheux ; nous tirions souvent des coups de fusil pour nous empêcher de nous séparer les uns des autres.

Le 8 juin, à midi, nous atteignîmes Madina et nous fîmes halte sur le bord de la Falême. Dans l'après-midi, nous transportâmes nos paquets sur le bord opposé, ce qui fatigua beaucoup nos soldats. A Salabou, où nous passâmes la nuit, cinq soldats qui pendant la pluie n'étaient pas venus sous la tente, se plaignirent beaucoup de mal à la tête et à l'estomac.

Le 10 juin, la tête de la coffle parvint à Shrondo au coucher du soleil. Selon notre usage, nous nous arrêtâmes sous un arbre à peu de distance de la place. Avant d'avoir pu dresser nos tentes, nous fûmes assaillis par un violent orage et j'eus mon chapeau enlevé. La saison des pluies commençait, et nous n'étions qu'à mi-chemin de notre destination. Déjà les soldats étaient affectés de vomissements et de vertiges.

Le 12 juin, j'allai saluer le douty et lui demandai la permission de visiter les mines d'argent qui sont dans le voisinage. Je louai une femme qui, moyennant une barre d'ambre, s'engagea à me montrer un grain d'or. Elle me conduisit dans une petite prairie où étaient creusés des trous, à côtés desquels se trouvaient des tas de graviers dont elle prit une demi-livre qu'elle lava dans sa calebasse. J'observai d'abord une matière noire, semblable à de la poudre à canon, qu'elle me dit être de la rouille d'or : puis elle montra une portion d'or pur, en me disant : *Sanou affille*, voyez l'or. Cette femme m'assura qu'elle trouvait quelquefois des morceaux d'or aussi gros que son poing.

J'allai voir dans l'après-midi un frère de Karja-Toura. Il avait une grande collection de livres arabes et j'y ajoutai un Nouveau-Testament traduit en cette langue.

Le 12 juin, nous voyageâmes lentement au pied des monts Konkadou. A midi, nous arrivâmes à Dindikou, poursuivis par un tel ouragan que nous fûmes forcés de transporter nos fardeaux dans les huttes des naturels. C'était la première fois que cette coffle était entrée dans une ville depuis son départ de la Gambie. Aussitôt que la pluie eut cessé, j'allai voir avec M. Anderson les puits à or qui sont près de cette ville. Ils sont semblables à ceux de Shrondo. J'allai aussi avec M. Scatt, au haut de la roche de granit et de feldspath rouge qui domine la ville. Nous fûmes surpris de traverser la montagne cultivée jusqu'à son sommet.

Le 13 juin, nous quittâmes Dindikou de bonne heure. La moitié de notre monde avait la fièvre.

L'âne, qui portait le télescope, un instant perdu, fut ramené par le fils du douty. Je n'arrivai à Foukia que tard, pour garder deux soldats malades qui voulaient se coucher sous chacun des arbres près desquels nous passions.

III.

Départ de Foukia. — Difficultés pour traverser les monts Tamboura. — Fajemmia. — Maladie des soldats. — Accueil inhospitalier à Douggikotta. — Sullo. — Passage de Ba-Fing. — Hippopotames. — Difficultés pour traverser la rivière Ba-Woulima. — Isaac lutte avec un crocodile.

Le 15 juin, en quittant Foukia, nos malades étaient encore dans un triste état, quelques-uns déliraient. Nous eûmes beaucoup de difficultés à faire franchir à nos ânes le passage des monts Tamboura; le nombre des ânes excédant celui des conducteurs, cette marche à travers les rochers avait l'air d'une fuite ou d'une déroute ; les baudets tombaient avec leurs charges ; les soldats malades s'affaissaient contre le sol, et les nègres profitaient de cette confusion pour nous voler. Nous arrivâmes enfin au délicieux village de Toumbin.

Le 16 juin, au moment où nous quittions Toumbin, je vis arriver le bon vieux maître d'école dont j'ai parlé dans mon premier voyage. Il avait entendu dire la veille que j'étais avec la caravane, et il s'était mis en marche pendant la nuit pour venir me voir. Pour reconnaître ses anciens bons offices, je lui donnai cinq barres d'écarlate, un barraloulo, dix barres de grains de colliers, quatorze d'ambre et deux dollars, ce qui le rendit tout à fait heureux.

Le 17 juin, voyant que Hinton allait plus mal et que Sparks avait le délire, je les confiai aux soins du douty du village, lui laissant assez d'ambre et de grains de collier pour les nourrir s'ils vivaient, et les enterrer s'ils venaient à mourir.

En deux heures, nous arrivâmes à Fajemmia. Là réside le plus puissant chef de Konkadoa, je lui payai un tribut qu'il n'exigea pas exhorbitant.

Le 20 juin, nous arrivâmes à un village presque désert, appelé Nealakalla, tout auprès de la Ba-Lec ou rivière de miel; nous y vîmes deux crocodiles.

Le 21 juin, nous passâmes la rivière dans un lieu ou son cours est interrompu par un amas de rochers. A deux milles à l'est, nous traversâmes une crique qu'il fallut traverser avec tant de difficultés que quelques-uns voulaient l'appeler la crique vinaigrée. Nous fîmes halte pour la nuit au village de Douggikotta, et nous eûmes beaucoup de peine à empêcher nos bêtes d'aller dans les champs de grains.

Le 22 juin, Williams Roberts, un des charpentiers, déclara qu'il était hors d'état d'aller plus loin, et signa un écrit portant qu'il avait été abandonné par son propre consentement. Nous passâmes près du rocher de Koullallic, qui est inaccessible de tous les côtés. Les naturels affirment qu'au sommet se trouve un lac, d'où tombent des grandes tortues pendant la saison des pluies.

Le 23 juin, nous arrivâmes au village de Kimbi.

Dès qu'on sut que les hommes blancs étaient fort malades et ne pouvaient faire grande résistance, le peuple accourut et voulut faire rétrograder les ânes. Un d'eux prit par la bride le cheval du sergent, mais en voyant un pistolet braqué sur lui, il se sauva. Les soldats chargèrent leurs fusils et mirent baïonnette au canon. A cette vue, tout se calma. Le douty, toutefois, me pria de partir au plus tôt. Comme je ne savais pas si quelqu'un de nos malades ne serait point dans la nécessité de reprendre cette même route, je jugeai prudent que la séparation fut amicale. En conséquence, je donnai au douty quatre barres d'ambre.

A un demi-mille à l'est, nous descendîmes dans une vallée, par une pente si rapide que la moitié de nos ânes firent la culbute.

Le 24 juin, départ de Sullo. Nous passâmes dans un lieu si ressemblant à une abbaye gothique ruinée, que nous fîmes halte quelques moments pour nous convaincre que les niches, les fenêtres, l'escalier en ruines, etc., étaient tous naturellement formés par le rocher. Une description fidèle de ce lieu serait certainement regardée comme une fiction.

La hauteur des précipices que nous longions était de cent à six cents pieds en perpendiculaire. Au reste, toute la contrée, entre la Ba-Fing et la Bée, est plus sauvage et plus imposante qu'en aucun autre pays que j'aie jamais vue.

Le 25 juin, à Secoba, je donnai cinquante barres

de marchandises au douty frère aîné de Fajemmia. Il en fut si charmé qu'il nous accompagna jusqu'à la rivivière de Ba-Fing.

Le 26 juin, je payai cinquante barres à des passeurs nègres pour qu'ils transportassent à l'autre rive notre bagage et notre bétail. Quand le bagage et les bêtes eurent traversé, je fis passer les hommes. Le canot dans lequel était Cartwright chavira, un naturel plongea et ne retirera plus qu'un cadavre. J'usai de tous les moyens recommandés par la société d'humanité, mais en vain. Nous enterrâmes Cartwright. Le soir, le bruit des hippopotames nous empêcha de dormir. Ils vinrent tout près du bord, ronflant et soufflant pendant toute la nuit.

Le 28 juin, nous marchions dans des bois où il n'y a point de sentiers frayés ; nous eûmes donc beaucoup de difficulté à nous tenir rassemblés et nous tirâmes de fréquents coups de fusils pour maintenir notre ligne de marche.

Shaday-Walter mourut, deux soldats avec leurs baïonnettes, et moi avec mon épée, nous creusâmes sa tombe dans ce désert sauvage, et quelques branches d'arbres furent les seuls lauriers qui couvrirent la sépulture de ce brave.

Le 29 juin, nous fîmes douze milles sans arrêter pour trouver un abreuvoir et craignant d'être surpris par les lions qui sont nombreux dans ces parages.

Le 2 juillet, Roger M. Millon eut un tel accès de

fièvre que je le laissai à Sonpekotta. Il avait été soldat pendant trente et un an ; douze fois on l'avait nommé caporal et neuf fois sergent, mais un malheureux penchant pour l'ivrognerie l'avait fait descendre dans les rangs des soldats.

Le 4 juillet, à Fonilla ; la rivière de Wouda s'appelle Ba-Woulima, la rivière Rouge ; vers sa source elle a nom Ba-Qui, la rivière Blanche. Comme il n'y avait qu'un canot, il était presque nuit avant que tous les ballots fussent transportés. Isaac, en faisant traverser les ânes dans un endroit où il y avait fort peu d'eau, un crocodile le saisit par la cuisse et l'entraîna sous l'eau. Isaac chercha la tête du monstre et lui enfonça son doigt dans l'œil. Le crocodile lâcha sa proie et Isaac se hâta vers le bord, mais le crocodile le ressaisit de nouveau, mais il enfonça ses doigts dans les yeux de l'amphibie qui le lâcha, lui laissant toute une cuisse meurtrie et comme mâchée.

IV.

Arrivée à Keminioum sur la rivière Ba-Séo. — Déprédations commises contre la coffle par les naturels. — Attaques de bandits. — Passage de la rivière Ba-Woulima. — Pont nègre. — Marcena. — Bengassi. — Morts parmi les soldats. — Arrivée à Sartabou. — Sobée. — Balonding. — Koulchari.

De Sabouseera à Mallabonne nous marchâmes vers l'ouest et le nord-ouest jusqu'à midi; alors nous arrivâmes à Keminioum ou Maniakarro, la ville la mieux fortifiée que j'aie vue en Afrique.

Le 12 juillet, j'allai le matin, avec Isaac, rendre visite à Keminoum ou Monsa-Numma, comme on l'appelle généralement. Il fut très exigeant et voulut, en sus des présents offerts, un fusil monté en argent. Le soir je pris avec moi ceux des soldats qui avaient la meilleure mine avec leurs habits rouges, et à la demande de Numma j'allai à la ville avec eux. Ils y firent quelques évolutions et tirèrent des coups de fusil.

Le 14 juillet, dès l'aurore, nous pliâmes les tentes. Les gens de la ville se rassemblèrent autour de nous; pendant notre séjour, ils nous avaient dérobé de nombreux objets. Quoique nous eussions avec nous un des fils du roi en qualité de protecteur, à une portée de fusil de la ville, un nègre enleva du dos d'un âne le sac qui contenait les effets d'un de nos soldats. Nous galopâmes après lui et lui reprîmes le sac ; mais avant que nous eussions pu rejoindre la coffle, un autre avait volé un fusil lié à l'un des paquets.

A deux milles de Maniakarro, je m'écartai un peu du sentier pour voir s'il ne serait pas possible de trouver une montée plus facile, lorsque je fus accosté par deux des fils de Numma. L'un me prit mon fusil, et pendant que je le poursuivais l'épée à la main, l'autre rejeton royal me vola ma redingote. Je donnai ordre au soldat de tirer sur quiconque enleverait quelque chose de notre bagage.

Le 15 juillet, halte à Ganambou, petit village muré.

Le 16 juillet, halte à Ballandou dont Mari Unja était douty. Nous eûmes le plus terrible orage que j'aie jamais vu. J'étais si persuadé que ma tente serait frappée de la foudre que je m'en tins à quelque distance, pour éviter l'explosion de la poudre à canon.

Le 17 juillet, à midi, halte à Serronsong, ville délabrée mais populeuse ; un âne nous fut volé la nuit.

Le 18 juillet, à un tournant du chemin, je vis un nègre volant un habit sur un ballot et s'enfuyant avec ; je le poursuivis et fis feu sur lui : « Ne me tuez pas, homme blanc, s'écria-t-il, je ne peux remuer, vous m'avez cassé la jambe. » Je vis en effet son caleçon taché de sang. Il grimpa sur un arbre en criant toujours d'une voix pitoyable : « Homme blanc, ne me tuez pas. » Satisfait d'avoir recouvré l'habit, je laissai le voleur tout sanglant au milieu des branches de l'arbre.

Le 19 juillet, nous eûmes deux ouragans. Deux ânes tombèrent épuisés de fatigue. Nous mîmes leurs charges sur les chevaux et nous les abandonnâmes.

Nous passâmes à midi et demi devant les ruines d'une ville, j'y trouvai deux de nos malades couchés sous un arbre et qui refusèrent de se lever. Ils furent dépouillés par les nègres et vinrent tous nus à nos tentes le lendemain matin.

Nous arrivâmes sur les bords de la Ba-Woulima, rivière étroite, mais gonflée par les pluies. Pour passer cette rivière, il fallut nous en tenir au pont tel que l'entendent les nègres et qui consiste en pilotis entre-croisés et distants les uns des autres pour ne pas offrir trop de résistance à la force de l'eau. Tous nos gens étant grièvement malades, je payai les nègres pour transporter le bagage et nager avec les ânes.

Le 21 juillet, nous arrivâmes un peu avant midi en vue de Marcena. On avait dit aux habitants que notre coffle était une dummilafong, chose envoyée pour être mangée, ou, comme l'on dit, bonne aubaine. En conséquence ils nous volèrent cinq ânes.

Le 22 juillet, lorsqu'ils surent qu'au lieu d'aller à Bangassi nous allions envoyer au roi un messager, deux d'entr'eux rendirent les ânes. Bangassi n'est qu'à six milles de Marcena et fortifiée comme Maniakarro.

Le 23 juillet, le roi Serenommbo m'envoya un jeune bœuf et deux calebasses de lait, ainsi que les ânes volés. J'allai le saluer. Il était assis dans un endroit écarté, entouré d'un très petit nombre d'amis. Il me fit beaucoup de questions et me dit qu'il m'autorisait à traverser ses états, qu'il dirait à son fils d'avoir soin de nous jusqu'à ce que nous fussions arrivés à Sego. Je lui dis que j'étais impatient d'arriver en Bambara, parce que mes gens étaient fort malades. Il me dit que son fils devait aller à Sego avec le tribut annuel qui monte à trois cents minkallis d'or.

Le 25 juillet, nous eûmes beaucoup de lait et à des prix modérés, mais cela ne rétablit pas nos hommes qui restèrent malades et abattus.

Le 26 juillet, le caporal Powal mourut pendant la nuit.

Le 27 juillet, trois soldats se couchèrent sous un arbre et refusèrent d'avancer. A un quart de mille plus loin, James Trott refusa aussi d'avancer.

La certitude que le Niger baignait la base méridionale des montagnes que j'apercevais me fit oublier ma fièvre, et je ne pensai qu'au moyen de gravir leurs sommets bleuâtres.

A Numma-Soula, la pluie tomba sur nous à torrents et mouilla tant les hommes que les ballots.

Le fils du douty de Bangassi vint m'informer que les soldats malades étaient retournés tous à Bangassi. Je leur écrivis :

« Chers soldats,

« Je suis fâché d'apprendre que vous êtes retournés

« à Bengassi. J'ai chargé le porteur de trois forts mor-
« ceaux d'ambre. L'un vous procurera du riz pour
« quarante jours ; le second du lait et de la volaille
« pour le même temps ; le troisième vous fournira des
« provisions pendant la route jusqu'à ce que vous
« arriviez au Niger.

« Tout à vous,

« MUNGO-PARK. »

Les 28, 29 et 30 juillet, il plut, nous restâmes à Nummasoulo, sous nos tentes.

Le 31 juillet, halte à Sobec.

Les 1er et 4 août, à Balonding et à Balondou nous fûmes surpris par des pluies torrentielles.

Le 5 août, la Ba-Woulli étant trop éloignée pour que nous puissions y arriver en une seule marche, nous résolûmes de passer la nuit dans les bois.

V.

Départ de Koulchari. — Triste situation de Mungo-Park. — Il échappe à trois lions. — Doumbila. — Le Niger — Bombakou. — Bosradou. — Embarquement sur le Niger ; incident du voyage à Marrabou. — Déena, Jamina, Somée. — Départ de Somée. — Chaleur excessive. — Arrivée à Sonsouding ; détails sur cette ville et son commerce. — Mungo-Park ouvre une boutique. — Mort de M. Anderson. — Préparatifs pour continuer le voyage à l'est.

Le 6 août, nous quittâmes Koulchari et voyageâmes en hâte jusqu'à trois heures. A Gomfarra, deux ânes, qui portaient les provisions d'armes, tombèrent dans un courant d'eau et les provisions furent entièrement mouillées.

Le 7 août, nous passâmes le jour à sécher les effets mouillés et à frotter de beurre shea les armes qui étaient déjà rouillées.

Le 8 août, je convins avec le douty qu'il ferait transporter, pour trente-cinq barres, tous nos effets de l'autre côté de la rivière.

Le 9 août, Michel Moy mourut. A une heure, tous les bagages furent sur l'autre bord. Les ânes seuls furent difficiles à passer à cause de la rapidité du courant. Nous n'avions plus assez de riz, il fallait donc marcher vers Bambara au plus vite.

Le 10 août, William Ashton était hors d'état de

marcher, il se traîna à la suite de la coffle, par un grand effort jusqu'à Dababou. M. Anderson paraissait aussi près de mourir.

Le 11 août, j'achetai, pour un barraloulo, un jeune bœuf. J'eus la douleur de reconnaître que nous avions perdu quatre hommes, pendant nos deux marches.

Le 12 août, nous chargeâmes les ânes ; Isaac, du moins, fit faire ce travail à ses nègres, car aucun des européens n'était en état de soulever un paquet. Je plaçai un soldat malade sur mon cheval et, ayant sellé celui de M. Anderson, je le conduisis par la bride pour que mon ami n'eût d'autre peine que de se bien tenir en selle. A midi, M. Anderson me déclara qu'il ne pouvait pas aller plus loin. Je l'aidai à s'asseoir à l'ombre d'un buisson. A cinq heures et demie, il y eut une jolie brise de sud-ouest. M. Anderson consentit à faire encore une tentative ; je le replaçai sur la selle et menai le cheval assez vite dans l'espoir d'arriver à Koumikaim avant la nuit. Nous n'avions pas fait un mille lorsque nous entendîmes un rugissement. A environ cent verges plus loin, nous arrivâmes près d'une ouverture pratiquée entre les buissons, et je ne fus pas peu surpris de voir trois lions qui venaient vers nous. Ils n'étaient pas aussi rouges que celui que j'avais vu en Bambara, mais d'un brun semblable à la couleur d'un âne. Ils étaient de grande taille et marchaient en bondissant vers l'herbe haute, non l'un après l'autre, mais de front. Aussitôt qu'ils furent à la portée de mon fusil, je tirai sur celui du centre. Ils s'arrêtèrent et rétrogradèrent en faisant de grands sauts. Un demi-mille plus loin, nous entendîmes de nouveau un rugissement et j'eus peur qu'ils nous suivissent jusqu'à la nuit. Heureusement il n'en fut rien. La nuit venait d'arriver, lorsque nous descendîmes dans une vallée ou était une petite source. J'allumai du feu et j'enveloppai M. Anderson de mon manteau.

Le 15 août, nous gagnâmes Koumckouni où nous prîmes un repos dont nous avions grand besoin.

Le 14 août, Jonas Watkins mourut le matin.

Le 15 août, je suspendis un manteau aux deux extrémités d'un bâton; M. Anderson s'y plaça et deux hommes portèrent sur leurs têtes ce hamac improvisé. Nous marchions avec tant de célérité que nous arrivâmes à Doumbila en quatre heures et demie. En entrant dans la ville, j'eus le bonheur de voir Karja-Taura, ce bon nègre dont je parle dans mon premier voyage. Il avait entendu dire à Bouri, où il demeurait, qu'une coffle d'hommes blancs passait à travers Fouladou pour se rendre en Bambara, et qu'elle était conduite par un nommé Park qui parlait le mandingue. Il avait fait trois jours de marche pour venir à ma rencontre. Il me reconnut dès qu'il m'aperçut, et l'on peut juger du plaisir que j'éprouvai en revoyant mon vieux bienfaiteur.

Le 17 août, halte à Doumbila pour sécher le bagage.

Je reçus du douty de Doumbila un jeune bœuf, et je lui donnai un barraloulo et cinquante pierres à fusil.

Le 18 août, le chemin étant très mauvais, nous n'approchâmes qu'au soleil couchant de Tomba. Toute la pluie tomba. Obligé d'empêcher nos ânes de manger le grain des naturels, je fus sur pied toute la nuit. Car d'après les lois africaines, si un âne brise une seule tige de grain, le propriétaire de ce grain a le droit d'arrêter l'âne, et si le maître de l'animal ne veut pas satisfaire le dommage, le maître du champ peut retenir l'âne.

Le 19 août, nous atteignîmes le sommet de la chaîne de montagnes qui séparent le Niger des branches du Sénégal ; me plaçant tout au haut de la montagne, je vis pour la seconde fois le Niger roulant ses eaux immenses au milieu de la plaine.

Les trois quarts des soldats étaient morts pendant la route et nous n'avions point de charpentiers pour construire les barques nécessaires à la continuation de nos découvertes. Cependant, j'éprouvai une satisfaction réelle à penser que, conduisant une troupe d'européens avec un bagage immense, à travers un espace de plus de cinq cents milles, j'avais pu être en bonne intelligence avec les naturels. Mon voyage démontre d'abord qu'on peut transporter de la Gambie au Niger les marchandises sans être volé, et ensuite que si l'on fait ce voyage dans la saison sèche, on ne perdra pas plus de quatre hommes sur cinquante. De trente-quatre soldats, six seulement arrivèrent au Niger et un charpentier sur quatre.

Le 20 août, le douty nous donna un jeune bœuf ; nous l'attachâmes à l'arbre voisin de la tente. Aussitôt qu'il fit nuit, les loups l'éventrèrent, quoique nous ne fussions qu'à dix verges d'eux.

Le 21 août, pendant notre marche de Tomba à Bombakou, nous perdîmes le sergent M'Keil, Purvey et Samuel Hill.

Le 22 août, l'embarquement eut lieu à Bosradou. Les canots ne purent contenir que deux personnes et les marchandises. Je m'embarquai avec M. Anderson et laissai M. Martyr faire la route par terre avec nos gens. Le courant nous entraîna sans que nous eussions la peine de ramer. Les courants rapides sont très nombreux et correspondent aux angles saillants des rochers. Nous vîmes sur une des îles situées au milieu du fleuve un grand éléphant couleur d'argile et ayant des jambes blanches. Nous rencontrâmes, tout près d'une autre île, trois hippopotames. Ils lancent l'eau exactement comme une baleine. Au coucher du soleil, nous ramâmes à terre et nous soupâmes comme les aldermen de Londres avec une tortue au riz.

Le 23 août, arrivée à Marrabou. Le soir, M. Martyr nous rejoignit avec tout son monde.

Le 24 août, le douty nous donna un bœuf, mais notre guide ne voulut pas nous permettre de le tuer, parce que il était d'un noir de jais. Le douty Sokée se tint enfermé dans sa hutte, persuadé que s'il voyait un blanc son avenir serait fâcheux.

Le 26 août, j'envoyai Isaac à Sego avec des présents pour le roi Mansong. Il partit le 28.

Comme mes forces déclinaient, j'eus recours au mercure, j'en pris tellement que je ne pus partir de six jours, mais la solution arrêta la dyssenterie.

Le 6 septembre, Thomas Dyer mourut de la fièvre.

Nous craignons que Mansong n'eût tué Isaac. Lorsque Boukari, un chanteur, vint avec huit canots pour nous conduire, par ordre du roi, à Sego.

Le 13 septembre, nous voyageâmes fort agréablement au milieu de paysages magnifiques, filant sept milles à l'heure. Nous fîmes halte, pour une nuit, à Deena, habité par des Somonis.

Le 14 septembre, arrivée à Jamina.

Le 15 septembre, halte pour acheter des cuirs.

Le 16 septembre, arrivée à Somée. Boukari se mit en route pour Sego, afin d'annoncer notre arrivée à Mansong.

Le 18 septembre, point de nouvelles de Sego.

Le 19 septembre, Isaac revint avec les présents. Des amis de Mansong viendraient les prendre à Somée. Dès que dans ses entrevues, Isaac parlait des blancs, Mansong commençait à faire des carrés et des triangles sur le sable avec ses doigts. Selon Isaac, Mansong avait peur de nous.

Le 22 septembre, Modibinne et quatre amis de

Mansong vinrent nous rendre visite. Je leur expliquai le but de mon voyage. Ils parurent comprendre son importance commerciale.

Quand j'eus étalé tout ce qui était pour Mansong et son fils, je fis des présents à chacun d'eux et donnai à Modibinne du drap écarlate.

Le 24 septembre, les soldats Seed et Barbar moururent.

Le 25 septembre, Modibinne apporta la réponse de Mansong que je traduis littéralement.

« Mansong dit que le chemin vous est ouvert aussi loin que sa main s'étend, de Sego à Tombouctou, si vous allez à l'ouest, vous pouvez voyager dans le Fouladou et le Mandingue, dans le Kasson et le Bondou ; le nom *d'étranger de Mansong*, vous sera une protection suffisante. Si vous voulez construire vos barques à Somée ou à Sego ; à Sonsouding ou à Sinmé, nommez la ville et Mansong vous y fera conduire. » Modibinne ajouta que Mansong désirerait m'acheter quatre mousquetons, trois épées et un violon qui appartenait à M. Scott. Je lui dis que l'amitié du roi m'était plus précieuse que ces objets et que je m'estimerais heureux si Mansong voulait bien les accepter. Je choisis Sonsouding pour m'embarquer.

Le 26 septembre, départ de Somée. Les canots n'étaient point couverts de nattes et le soleil devint d'une chaleur insupportable. Nous fîmes halte en face de Segasée-Karro, où j'avais autrefois attendu un passage.

Au coucher du soleil nous débarquâmes, et nous dormîmes sur un banc de sable couvert de verdure.

Le 27 septembre, arrivé à Sonsouding. Le peuple accourut en foule si grande que nous ne pûmes débarquer qu'après avoir chassé les curieux à coups de bâton, selon l'ordre de Kaontie-Momadie.

Le 28 septembre, Marshall et Garland moururent de la dyssenterie.

Le 4 octobre, Mansong envoya deux platines et un plat d'étain troué à raccommoder. J'eus beaucoup de peine à persuader à l'envoyé qu'aucun de nous n'entendait cette besogne.

Le 6 octobre, je vendis à un fils de Mansong une arquebuse, trois épées et du drap bleu pour six mille kauris.

Sonsouding contient onze mille habitants. La place du marché est un large carré, et les différentes marchandises sont exposées sur des échoppes couvertes de nattes. Le marché est rempli de monde du matin jusqu'au soir. J'ouvris une boutique et j'exposai un assortiment de marchandises européennes. J'eus un grand débit. A ce point que les autres marchands offrirent à Mansong une quantité de marchandises d'une plus grande valeur que les présents qu'il avait reçus de moi, s'il voulait nous tuer ou nous chasser. Quoique cette proposition fut sanctionnée par tout Sonsouding, Mansong la rejeta.

Du 8 au 16, l'état de mes affaires devint si brillant

que je fus obligé d'employer trois caissiers à la fois pour compter mon argent.

Le 16 octobre, Mansong m'envoya un canot en fort mauvais état; mais en soixante-huit jours d'un travail très dur il est vrai, je métamorphosai la barque de Bambara en un schooner de sa Majesté, que je nommai le *Joliba*, de quarante pieds de long sur six de large.

Le 28 octobre, à cinq heures du matin, mon cher ami, M. Anderson, mourut. Je fus aussi affecté que si j'avais été abandonné une seconde fois, sans amis, au milieu des déserts de l'Afrique.

Le 14 novembre, le schooner est prêt, j'attends qu'Isaac revienne de Sego pour pouvoir le charger de ce journal.

Le 15 novembre, Isaac, de retour, nous dit que Mansong désirait avec ardeur que je partisse avant que les Maures de l'est eussent connaissance de mon arrivée. J'achetai des peaux de bœuf pour nous défendre contre les piques et les flèches des Sourkas et des Mahingas qui habitent le bord septentrional du fleuve, entre Ginnie et Tombouctou.

Le 16 novembre tout était prêt, et nous partons demain dans la matinée ou le soir.

EXTRAIT DU JOURNAL D'ISAAC

LETTRE DE MAXWELL, GOUVERNEUR DU SÉNÉGAL, ÉCRITE LE 10 DÉCEMBRE 1811, AU COMTE DE LIVERPOOL.

« Milord,

« Par ma lettre du 8 mars 1810, j'ai mandé que j'avais engagé quelqu'un à faire la recherche de M. Park et à s'assurer de son sort. Cette personne, de retour du Sénégal, a confirmé les divers rapports de la mort de M. Park.

« Je joins ici une copie du journal de la personne que j'avais chargée de cette mission. Il était écrit en arabe et a été traduit en anglais ; Isaac a reçu la récompense qui lui avait été promise, ce qui sera, je l'espère, approuvé par votre Excellence.

« J'ai, etc. »

Moi, Isaac, j'ai quitté le Sénégal le 22ᵉ jour de la lune Iabasky, et le lendemain je me suis embarqué à bord du *Georges*.

Par Gorée, Jillifrie, Baling, j'arrivai à Maracorenda chez Robert Amsley chez qui je restai trois jours. Je donnai un fusil au roi de Calaba, je trouvai à Coussage ma famille qui avait été chassée par l'armée de Bambara, je vins avec elle à Montagou, j'y restai quarante-six jours.

A Boniscrilla, je rencontrai le roi de Bondou. Je

traversai la Falemme, et à Dromana j'eus un palaver avec la famille d'une de mes femmes. Je passai le fleuve Sénégal à Settocoule. A Coulou, je ne trouvai que des femmes, les hommes avaient suivi l'armée de Bambara, La rivière Kirgout, que je passai après mon départ de Montagou, est pleine d'hippopotames et de crocodiles. Cougnacari, capitale du royaume de Cassa, était occupée par les Bambaras. A Vassaba, je me joignis à la caravane d'un marchand.

Quand j'arrivai à Giocha, je fus arrêté, ainsi que mes gens. Une femme Griat, danseuse et chanteuse, fut la seule personne qui s'intéressa à moi. Elle alla trouver les ambassadeurs de Sego, et ceux-ci obtinrent du roi qu'il me laissât partir.

Dans un village j'écrivis un gris-gris (amulette) à un homme qui me donna un jeune bœuf.

Six lunes après mon départ du Sénégal je vis le chemin que l'armée du roi de Sego avait suivie, neuf ans auparavant, dans la guerre avec Tiguing-Caro.

A Sonnomba, on assura qu'Alhagi-Biraime leur avait dit que M. Park avait été tué dans son canot, près du pays d'Haoussa.

J'arrivai le lundi 11 de la lune à Sego-Chicaro, résidence de Dacha. Je logeai chez Guerawa, homme de la suite du roi. Ce prince m'envoya chercher. Quatre larges épées dont M. Park lui avait fait présent étaient à terre à ses côtés et derrière lui. Je lui dis que le gouverneur du Sénégal, M. Maxwell, lui donnerait deux cents barres s'il m'assistait de tout son pouvoir dans mes recherches pour savoir si M. Park est mort ou vivant. Dacha me promit son assistance.

A Mandina, je trouvai le guide qui était avec M. Park à Sonsouding. En m'entendant parler de M. Park, il se mit à pleurer: « Tous sont morts, » me dit-il, et il me raconta ce qui suit :

JOURNAL D'AMADI-FATOUMA

Nous partîmes de Sonsouding dans un canot le 27ᵉ jours de la lune; en deux jours nous arrivâmes à Selle. Nous étions neuf. En deux jours nous arrivâmes à Guine.

A Sibly, nous repoussâmes par les armes trois canots remplis de nègres armés de flèches et de lances. A Bakbara, à Tombouctou et à Gourounio, nous fûmes attaqués par les naturels et nous les battîmes. Un blanc mourut de maladie, nous nous vîmes réduits à huit combattants. Chacun de nous avait quinze fusils toujours chargés.

Près de Gotoyeff, nous repoussâmes soixante canots et tuâmes un grand nombre d'hommes.

Un hippopotame manqua de renverser le canot. A Kaffa il y avait une grande quantité de ces animaux et, à notre approche, ils se jetèrent à l'eau dans une telle confusion, qu'ils renversèrent presque le canot.

Dans un endroit de la rivière où il y avait peu d'eau, nous vîmes un grand nombre d'hommes assis sur le rivage. Quand nous nous approchâmes d'eux, ils se levèrent. Nous leur présentâmes le bout de nos fusils et ils s'enfuirent dans les terres.

A Gounon, M. Park m'envoya à terre avec quarante mille kauris pour acheter des provisions.

Arrivé dans le pays de Haoussa, nous ancrâmes. M. Park me dit : « Maintenant, Amadi, vous êtes à la fin de votre voyage. Mais avant de partir donnez-moi les noms des nécessités de la vie, dans la langue des pays que je dois traverser, » j'y consentis et nous nous en occupâmes pendant deux jours sans aller à terre.

Je quittai M. Park à Yaour où je couchai. Le lendemain matin, j'allai rendre mes devoirs au roi. Je vis arriver deux hommes à cheval qui dirent que les hommes blancs n'avaient rien voulu donner pour sa Majesté, et que cet Amadi Fatouma, ici présent, s'était aussi moqué d'eux.

Le roi me fit mettre aux fers, et il envoya une armée au village de Boussa. Il y a devant ce village un rocher qui domine sur toute la largeur de la rivière. Une partie de ce rocher est très haute et il y a une ouverture en porte, qui est le seul passage au travers duquel l'eau puisse couler.

Le courant est là très rapide. Cette armée vint prendre possession de l'ouverture où M. Park n'arriva qu'après qu'elle s'y fut postée.

Les naturels commencèrent alors à l'attaquer en lui jetant des lances, des piques, des flèches, des pierres. M. Park se défendit pendant longtemps. Deux esclaves furent tués à la poupe du canot. Les gens qui le montaient jetèrent dans le fleuve tout ce qui se trouvait sur ce canot et firent feu ; mais ils furent accablés par le nombre et la fatigue, et ne purent faire remonter le canot contre le courant.

Il n'y eut plus de possibilité d'échapper. Alors M. Park prit la main d'un des hommes blancs et se jeta dans l'eau, Martyr fit de même et ils furent noyés dans le fleuve, en tâchant de se sauver. Le seul esclave resté dans la barque voyant les naturels persister à lancer sans cesse des traits sur le canot, se leva et leur dit : « Ne tirez plus maintenant, vous voyez qu'il n'y a plus rien dans le canot. Prenez-moi ainsi que lui ; mais ne me tuez pas. » Ils s'emparèrent du canot et de l'homme dont ils firent présent au roi. Je fus aux fers pendant trois mois, le roi alors me relâcha et me donna une femme esclave. J'allai aussitôt trouver l'esclave pris dans le canot, qui me dit ce que je viens de vous raconter. Il ajouta qu'il ne restait dans le canot que le ceinturon d'épée à M. Park et que le roi qui s'en était emparé en avait fait une sangle pour son cheval.

CONTINUATION DU JOURNAL D'ISAAC

J'envoyai aussitôt un Poul à Yaour pour me faire avoir le ceinturon, par tous les moyens possibles et à quelque prix que ce fut, aussi bien que tout ce qui pouvait avoir appartenu à M. Park.

De Madina je me rendis à Sonsouding, puis à Sego. Le Poul que j'avais envoyé à Yaour revint huit mois plus tard, après en avoir employé quatre à son voyage et éprouvé de grandes souffrances. Il m'apporta le ceinturon et me dit qu'il avait déterminé un jeune esclave du roi à le dérober. Il ajouta qu'il n'avait rien pu avoir de plus, parce que l'on n'avait trouvé aucun autre effet qui eût appartenu à M. Park ou à ses compagnons de voyage.

J'allai à Sego ; j'annonçai au roi ce que j'avais pu recouvrer des effets de M. Park ; et j'ajoutai que je partais aussitôt pour le Sénégal. Le roi désirait que je passasse avec lui la saison pluvieuse. Je lui répondis que je ne pouvais rester et que l'objet de ma mission étant atteint, je disirais me mettre en chemin le plus tôt possible.

Amadi Fatouma étant un homme honnête, un véritable homme de bien, je l'avais placé auprès de M. Park. Ce qu'il m'a rapporté, il me l'a affirmé sous serment. Il n'avait plus d'intérêt dans cette affaire, ni pour l'avenir aucun espoir de récompense.

Il ne restait plus rien de M. Park, non plus que de ses effets. Les relations de plusieurs voyageurs qui avaient traversé le même pays, s'accordaient avec le journal d'Amadi. J'étais certain de la vérité de ce qu'il avait dit, et des dangers que j'aurais pu courir, sans aucun but, dans un pays si éloigné. Toutes ces raisons me déterminèrent à ne pas aller plus loin. Après avoir obtenu le ceinturon, je jugeai convenable de retourner au Sénégal.

DERNIER RAPPORT D'ISAAC

Isaac dit que M. Park lui donna ses papiers pour les remettre à Robert Amsley, à la Gambie, avec un bon de dix barres sur le même Amsley; que M. Park quitta en sa présence Sonsouding avec Amadi Fatouma; qu'il ne peut fixer précisément la date de la mort de M. Park, mais qu'elle eut lieu quatre mois après son départ de Sonsouding.

Cette date, au reste, peut-être déterminée à peu près par celle des papiers que lui, Isaac, remit à Robert Amsley. M. Park avait perdu tous ses compagnons, à l'exception de quatre hommes. Il arriva à Foulac-Dougou avec trente-trois blancs, et de Foulac-Dougou à Sego, pendant une marche de huit jours, mais qu'un nègre aurait fait ordinairement en trois, il perdit vingt-six de ses hommes par les pluies, l'humidité, etc. M. Park quitta Sonsouding avec quatre hommes seulement de sa couleur, ce qui faisait cinq en tout.

FIN.

www.ingramcontent.com/pod-product-compliance
Lightning Source LLC
Chambersburg PA
CBHW050637170426
43200CB00008B/1058